U0584241

影响群际态度的
人格因素

李 琼 ◎ 著

Personality Factors Affecting Intergroup Attitudes

中国出版集团

世界图书出版公司

广州·上海·西安·北京

图书在版编目（ＣＩＰ）数据

影响群际态度的人格因素/李琼著.—广州:世界图
书出版广东有限公司，2014.9（2025.1重印）
ISBN　978-7-5100-8579-6

Ⅰ.①影… Ⅱ.①李… Ⅲ.①群体社会学－研究
Ⅳ.①C912

中国版本图书馆 CIP 数据核字（2014）第 212107 号

影响群际态度的人格因素

责任编辑	梁少玲
封面设计	高　燕
出版发行	世界图书出版广东有限公司
地　　址	广州市新港西路大江冲 25 号
邮　　箱	xlxbook@163.com
印　　刷	悦读天下（山东）印务有限公司
规　　格	787mm × 1092mm　1/16
印　　张	9.25
字　　数	160 千字
版　　次	2014 年 11 月第 1 版　2025 年 1 月第 4 次印刷
ISBN	978-7-5100-8579-6/B · 0098
定　　价	58.00 元

《中国当代心理科学文库》
编委会

（按姓氏笔画排序）

目　录

第一章
绪　论

半个多世纪以来,群体间态度一直是心理学中的一个重要课题,它涉及到了群体间的知觉与冲突,以及相应的社会认知和动机过程。此类研究基本是沿着两条不同的路线进行的。一种是把群体间态度看作群体现象,用群体间的动力和过程来解释,比如社会认同理论。另一种是把群体间态度看作个人现象,认为是个体差异,比如人格特征或持久的信念等,会使个体持有特定的群体间态度。

在把群体间态度看作群体现象的研究取向中,Sherif 的儿童夏令营实验应是早期较有影响的。该实验表明,群体间客观关系能够对群体间的消极态度和行为产生影响。由此,他提出了现实冲突理论(realistic conflict theory),认为如果一个群体要以牺牲其他群体的利益为代价才能达到自己的目标,那么群体间的关系就是竞争关系,就更可能产生敌意和歧视。Tajfel 等人经过进一步研究提出了社会认同理论(social identification theory),认为个体对群体的认同是群体行为的基础。社会认同是指个体认识到他(或她)属于特定的社会群体,同时也认识到作为群体成员带给他的情感和价值意义。属于某群体的意识会对个体的知觉、态度和行为产生强烈影响,因为个体需要保持积极的社会认同来提高自尊,而这种对社会认同的追求也正是群体间冲突和歧视的根源。后来 Turner 又提出了自我分类理论(self-categorization theory),作为对社会认同理论的补充。他认为人们对自我的分类就是自我定型的过程,在将他人分类时则会自动地区分内群体和外群体。通过分类,个体往往将有利的资源分配给内群体成员,于是又不可避免地产生了群体间的消极态度与歧视(张莹瑞,佐斌,2006)。社会认同理论源于欧洲,这与欧洲长期处于多民族、多语言的状况不无关系。在中国,赵志裕等人曾以香港人身份认同为题开展过研究(赵志裕等,2005)。

以群体过程为切入点对群体间态度进行研究,只是群体间态度研究的一个方面。因为群体间态度现象是一个复杂的现象，它的产生可能既有群体过程的原因，也与个体差异有着密不可分的关系。很多研究显示了群体间的消极态度的一般性，即一个不喜欢某个外群体的人，也倾向于不喜欢其他外群体，甚至是对完全虚构的外群体也是如此。这种一般性原则（generality principle）被认为是反映了稳定的个体差异。群体间态度的个体差异取向的重要性也由此而显现出来。

人们已发现两个个体差异的维度与群体间的消极态度的形成有关，并且得到了经验支持。一个是由 Adorno 等人最早定义的权威主义人格（authoritarian per-sonality）维度，后来 Altemeyer（1998）又提出了右翼权威主义（Right-Wing Authorit-arianism）的概念，在这两个概念中，都包含有因袭主义、权威主义服从和权威主义攻击三种成分。另一个是由 Sidanius 和 Pratto（1994）提出的社会支配取向（social dominance orientation）维度，它反映了个体对不同群体间关系平等性的一般性偏好，以及个体期望优势群体支配劣势群体的程度。高社会支配取向者偏好加大不同群体间的阶层差异，并期望优势群体更多地支配劣势群体；低社会支配取向者偏好缩小不同群体间的阶层差异以增加社会平等，并期望优势群体更少地支配劣势群体。因此，社会支配取向会影响社会不平等的程度，并可以被用来解释群体间的消极态度的形成。

有人认为，最近出现了群体间态度的人格取向的一个研究高潮，社会支配取向和右翼权威主义便是该取向中最重要的概念（Reynolds et al., 2001）。既然是人格维度，该维度的稳定性问题便是研究者们需要回答的。在人格取向中，社会支配取向和权威主义人格都被认为是不受情境影响的，是独立于即时的社会情境因素的。然而这并不是事实，或者至少不是事实的全部。有人批评这种个体差异取向忽略了真实的社会冲突（Levin, 2004），因为群体间的消极态度的测量从没有完美地与跨目标群体相关过（Pratto, 1997），对不同的群体的敌意会有不同（Duckitt, 2006）。

解释群体间态度时的人格和情境因素的相对重要性的问题，可能还要长时间地争论下去。群体间的消极态度是个体人格的一部分？或者是个体身上的社会力量的结果？或者是个人与情境相互作用才是更好地理解群体间的消极态度的理论框架？个体内部的分析和情境的分析两者的相对重要性和可能的整合，是群体间态度的理论分析的一个核心主题（Duckitt, 2001）。

本书将先对社会支配取向和权威主义人格进行介绍，然后再用两个研究来检验社会支配取向对于群体间态度的解释力。

第二章
群体间的消极态度的人格基础之一：
权威主义人格

　　二战是人类历史上的一场劫难，就在短短的几年时间里，反犹主义、种族中心主义的思想以不可遏制的态势席卷德国全境，人性中恶的一面以集体的方式暴露无遗。人们不禁要问，这场劫难只是一次偶然事件，还是在人性的层面上一直就存在着某种因素，导致了它在这一时间的必然发生？如果是后者，人类是否会在将来的某个时刻陷入再劫难逃的境地呢？心理学家们试图对这一问题做出自己的回答。权威主义人格的概念正是在这种背景下成为了心理学的研究范畴之一。Adorno 等人在上世纪 50 年代发表《权威主义人格》一书后，人们已经在这一领域进行了 50 多年的探索，本文将回顾这一系列研究，并尝试展望未来的研究方向。

1　概念的提出及早期研究

　　如果只是为数不多的人对犹太或其他少数族裔抱有群体间的消极态度，或许很快就会被忽略掉，但在面对纳粹时期大量普通民众身上所表现出的非理性情绪和行为时，人们就不得不正视群体间的消极态度现象了。导致群体间的消极态度的原因自然是多方面的，心理学家们关心的是，这里面是否有人格层面的因素在起作用。在最初对这一问题的探索中，Adorno 等人的工作是最系统、最为人称道的。Adorno 等人都拥有精神分析的理论背景，他们希望能用这一理论揭示纳粹兴起的心理根源，因此，此一研究不论从研究思路、量表编制以及对权威主义人格的核心成分及其形成的解释上，都有着浓厚的精神分析色彩。

尽管在他们之前，已有人做过分析，但对此人格因素的认识还非常有限，所以他们面临的任务是很艰巨的。他们首先看到的是战时德国人的普遍特征，也是纳粹所具有的典型特点，即拥有极端的反犹主义（anti-Sentimism）、种族中心主义（ethnocentrism）的思想。这种纯粹思想意识领域的内容和心理因素有关系吗？如果有，又如何能通过它找出深层次的心理根源呢？他们以精神分析理论为背景，提出这样一种基本假设（Adnorno，2002），即：一个人的政治、经济、社会信念通常构成一种广泛而又一致的模式，这种模式反映了他的人格中根深蒂固的倾向。也就是说，存在一种一般性的人格力量，它是深层次的、非理性的、被压抑的人格力量。正是由于它的影响，才使得权威主义者在社会生活中，表现出了特定的思想倾向，并进而产生歧视或保守的行为。基于这一假设，他们希望通过对表面的意见、态度和价值观进行测量，能进一步找出那些被压抑的、以间接形式表现出来的思想倾向，并最终使得深藏于被试潜意识之中的人格力量清晰地显示出来。

于是，他们先对反犹主义量表（AS量表）和民族中心主义量表（E量表）得出的结果和临床访谈的材料进行分析，逐个找出可能的核心人格倾向。比如，他们从分析中发现，反犹主义者之所以反对犹太人，是因为他认为犹太人持有反传统的价值观。于是他们推测，反犹主义的个体特别顽固地坚持传统的价值观。这样，顽固地坚持传统价值观这一人格倾向，就能作为可能的核心人格倾向之一。在找出所有可能的核心人格倾向之后，就能够编制出初始的测量这一人格维度的量表。接下来进行量表施测，将被试在此量表上的反应，与被试在AS量表、E量表上的反应相比较，看两者相关是否较高。相关较高的项目才能被保留下来。

值得注意的是，这个量表不包括那些很容易与反犹主义或民族中心主义联系起来的项目，而且也不提及任何少数民族团体的名称。被试仅从项目内容来看，几乎无从知晓研究者到底想探索何种问题。Adorno等人认为，既然这份看上去没有明显的反民主的表述的量表，能够与AS量表、E量表高相关，那么说明该量表确实揭示了人格内部的反民主倾向。

最后形成的量表被命名为F量表（Fascist scale，简称F scale），它所测量的人格因素便是权威主义人格（authoritarian personality）。F量表主要包含了九个方面的内容：传统主义，服从，攻击（针对反传统群体），低内省，迷信，尊崇权力，犬儒主义，投射，以及对性的过度固着（McCourt, Bouchard Jr., Lykken, Tellegen, & Keyes, 1999）。他们结合精神分析理论，认为F量表的9个子量表中，只有三个子量表代表着较为基本的成分。这三种成分表现了人格内部的一种特定结构，是权威主义人格的核心成分。三成分分别是：因袭主义（conventionalism）、权威主义服从（authoritarian submission）和权威主义攻击（authoritarian aggression）。其中，因袭主义是指刻板地坚持传统的中产阶级价值观；权威主义服从是指把内群体理想化，屈从于当局，对内群体不抱批判态度；权威主义攻击是指提防、谴责、拒绝和惩罚那些违反传统价值观念的人们。

他们认为，权威主义者一方面会对权威人物表现出过度的尊重、服从、感激，这就出现了权威主义服从，它反映了权威主义人格中受虐狂的成分。权威主义服从并非真实地尊敬权威，而是夸张的、情感上的服从需要（Feather，1993）。在另一方面，他们会将敌意转移到外群体身上，将权威的坏的方面（不公正、支配他人等）投射到外群体身上，从而对其进行指责和攻击，他们还可能会对违背传统价值观的人进行谴责、惩罚，所以攻击常常是以道德的名义进行的。这反映了权威主义人格中的施虐狂的成分。这里可以很明显地看出他们吸收了 Fromm 等人的观点。

此后，这一研究成果被编纂成《权威主义人格》一书出版，引起广泛关注。后来的研究者都是以此为基础进行自己的研究的，因此，Adorno 等人的工作在这一领域中具有里程碑式的意义。

2　概念分析

2.1　Altemeyer 的右翼权威主义量表

F 量表发表后，权威主义人格的研究出现了一次高潮。而随着研究的深入，研究者们发现 Adorno 对这一概念认识并不十分恰当，这些人中，Altemeyer 是一个不得不提及的名字。为了找到权威主义人格者，他的做法和 Adorno 他们不同，他希望编制出一份能够有效地预测群体间的消极态度的量表，然后从量表的项目中找出权威主义人格者的特征，以此作出界定，整个过程是以统计分析为主导的，不依靠任何理论的指导。

Altemeyer 经过了长时间的系统研究，在 F 量表的基础上编制了右冀权威主义量表（Right-Wing Authoritarianism scale，RWA），然后根据右翼权威主义量表的项目构成，提出了右冀权威主义（Right-Wing Authoritarianism）的概念，它包含三个成分：权威主义服从（authoritarian submission），因袭主义（conventionalism）和权威主义攻击（authoritarian aggression）（Altemeyer，1998）。在结构上，他基本沿袭了

Adorno 所认为的权威主义人格的三个主要成分,但所指的具体内容发生了变化。权威主义服从指的是接受一个社会中已建立且合法的权力结构,并且服从于权威的要求。这里要强调的是,它并非是一般性的服从倾向,高右翼权威主义者只对权威服从,但当他作为领导者时,就并不会比别人更多地向其下属屈服(Leanne, Boboce, & Mark, 2007)。因袭主义是指顽固地坚持一个社会或一个群体的传统规范。传统的性别角色和家庭秩序、信仰原教旨主义、严格的性的规范,都是右翼权威主义者要坚持的典型的信念(Furr, Usui, & Hines-Martin, 2003)。这种因袭伴随着自认为有道德(self-righteous)、认为自己的行为是合法的以及对他人的信念感到愤慨。权威主义攻击,是指对各种人的攻击,而且是被已建立的权威认可的。Altemeyer 认为权威主义者是具有广泛的攻击性的。他们相信对那些不符规范的人就应该严厉,所以喜欢用惩罚的方式来控制他人的行为,在家或在公众场合都是如此(Furr, Usui, & Hines-Martin, 2003)。任何改变已有生活的企图,权威主义者都会予以抵抗。总之,在 Altemeyer 眼里,权威主义者与非权威主义者比起来,更多地强调对权威的服从,更倾向于通过惩罚来控制他人的行为,更接受和忠于传统的社会规范(Feather, 1993)。经 Altemeyer 重新编排后的保守权威人格量表在信效度上均有良好指标(Patrick, 1984),而且能够和单纯的保守主义量表区分开来(和保守主义量表间缺乏区分也是对 F 量表的批评之一),因此逐渐成为测量权威人格的首选工具(Crowson, Thoma, & Hestevold, 2005)。

但有研究者指出最早的权威主义的概念包含了两种形式的权威主义,一种是领导者的权威主义(leader's authoritarianism),是指让他人向自己的权威屈从的倾向。第二种是跟从者的权威主义(follower's authoritarianism),即服从权威的倾向。而人们的注意力越来越多地局限于跟从者的权威主义。Altemeyer 的右翼权威主义,便是一种跟从者的权威主义(Roccato & Ricolfi, 2005)。最近有人提出一个新的概念即社会支配取向(social dominance orientation, SDO),它是指一个人希望内群体支配或优于(superior)外群体的程度(Guimond, Dambrun, Michinov, & Duarte, 2003)。Altemeyer 认为,社会支配取向所反映的正是领导者的权威主义,把它与右翼权威主义结合起来,能够较全面地描述权威主义人格。

还有研究者从另外的角度提出质疑,认为右翼权威主义及 F 量表中的项目测量的并不是人格特质,而是广泛的思想领域的社会态度和信念。权威主义攻击成分中,有大量的内容与群体间的消极态度和不容忍(intolerance)很相似,因袭主义中的项目,和保守主义(conservatism)量表又如出一辙,几乎就能独立成一个保守主义量表。而且,右翼权威主义和 F 量表的得分都会明显受到情境中威胁的影响

（Duckitt，Wagner，Plessis，& Birum，2002），这不符合特质的特点。所以右翼权威主义量表离它所声称要测量的权威主义人格，已经太远了。

　　既然 Adorno 和 Altemeyer 都没能真正触及到权威主义人格，那么研究者们只有继续寻找产生群体间的消极态度的人格基础。

2.2　Ray 编制的平衡 F 量表和趋向量表

　　Ray 的工作主要是针对 F 量表的两个问题进行改进，一是 F 量表没有平衡默认倾向，Ray 编制了平衡的 F 量表，它是直接以 F 量表的项目为基础的，测量的还是权威主义态度。二是 F 量表测得的权威主义态度与权威主义行为相关极低（Duckitt，1992）。Adorno 当年编制 F 量表时，非常强调其隐蔽性（covert）。Ray 认为，可能是太隐蔽了，所以完全失去了预测效度。于是他决定编制一个新的量表来解决这个问题。他采用了更公开（overt）的方式，直接问被试自己的权威主义行为，如"你常常批评别人做事的方式吗"。Ray 认为这张量表测量了支配行为中的攻击子集（the aggressive subset of dominant），并将其命名为趋向量表（Directiveness Scale）。这一量表是专门用来预测权威主义行为的，后来的研究说明了此量表与支配和攻击行为之间确实有着很好的相关（Heaven，1986；Ray & Lovejoy，1986）。

　　当然，他的量表一样受到批评。Duckitt 认为趋向量表并不能测量 Adorno 所提出的权威主义，因为它并不是按 Adorno 的原意进行的测量，这一量表并没有测量敌意与服从的组合物（acombination of hostility and submissiveness），而只是测量了服从，所以它并不是一个测量 Adorno 所说的权威主义人格的合适的工具。

　　Ray 给予了回应，他认为有理由把服从作为权威主义的基本成分（Ray，1976）。Duckitt 的批评是站在假定 Adorno 是正确的立场上，即认为敌意与服从一定是相关的。然而，这一点是需要检验的，需要把这两个变量分开来看，看是否相关。趋向量表就是这样做的。它测量的是 Adorno 的理论中的一个变量，而且是最基本的一个。随后，他做了一个研究，将趋向量表、F 量表与敌意量表（Buss-Durkee hostile scale）一起施测，结果发现，只有趋向量表与敌意量表相关，而 F 量表则与敌意量表无关。Ray 认为，只有经过这样的检验，才能证明 Adorno 的理论是正确的，当然这同时也证明了趋向量表是符合 Adorno 的理论的。

　　以上三种测量工具可以从整体上看作是 F 量表和在它基础上的变换，因此，那种认为 F 量表测量的是社会态度和信念，而不是它所声称的人格特质的批评，对其余两种量表也是适用的。

2.3 Duckitt 的模型

Duckitt 使用认知——动机理论（cognitive-motivational theory）来解释群体间的消极态度的产生（Duckitt, Wagner, Plessis, & Birum, 2002）。他认为，是社会服从（social conformity）这一人格维度和危险世界信念（belief in a dangerous world）这一世界观维度共同影响了权威主义的态度，并进而影响了群体间的态度。这一想法是从 D'Andrade（1992）和 Strauss（1992）那里获得的灵感，他们提出，个人的社会价值和态度表现了个人的动机性目标（motivational goal），它会被具有高度可接近性（highly accessible）的社会图式（social schama），或者感知社会现实所激活，激活后这个目标就对个人来说是显著的（salient）。高度可接近性的社会图式从广义上讲，可以看作是世界观（social world views），或相对稳定的对他人和世界的解释或信念（Ross, 1993）。个人的世界观既反映社会现实，也受人格因素的影响。而且，人格因素既能通过影响世界观而间接影响动机性目标，也可能直接影响对个人而言显著的动机性目标。

Duckitt 把这一理论应用到了右翼权威主义这一社会态度维度上（Duckitt, Wagner, Plessis, & Birum, 2002）。他认为右翼权威主义包含了一对相反的动机性目标图式。高右翼权威主义表现了社会控制和安全的动机性目标，将世界看作是危险的和具威胁性的看法能激活它。低右翼权威主义表现了相反的动机性目标，即个人自由和自主，将世界看作是安全稳定的看法能激活它。相应的人格维度是社会服从对自主（social conformity versus autonomy）。高社会服从者更有可能感知到现存社会秩序中的威胁，将世界看成是危险的。社会服从还能直接地影响权威主义态度。

他为自己对群体间的消极态度的解释找到了理论支持，融入了认知因素，而且在这个模型里面，已看不到思想意识方面的内容了。他认为影响权威主义态度的人格因素是社会服从，对这一人格维度的测量，他是从 Saucier 的人格特质形容词评定量表中选出社会服从项目，并排除了可能属于态度和信念的项目，编制了单一维度的具有较好信度的量表（Duckitt, 2001）。

另外，该模型将社会支配取向的概念也整合了进来。这是一个不得不提的相关概念。Sidanius 和 Pratto（1999）认为社会支配取向表现了个体希望内群体支配或是优于外群体的程度，以及对地位层级观和加大群体间差异行为的偏好。右翼权威主义表现的是一种跟从者的权威倾向，与之相对的应该还有一种领导者的权威倾向，而社会支配取向体现的就是这种领导者的权威倾向。双过程模型理论获得了众多研究结果的支持（Asbrock, Sibley, & Duckitt, 2009; Sibley, Wilson, & Duckitt, 2007）。

在现今的群体间的消极态度研究领域，社会支配取向和右翼权威主义是最主要的二个人格变量，二者可以共同预测绝大多数歧视行为。但是在对具体行为的预测效度上，这二个人格变量也存在一定差异（Duckitt & Sibley, 2007），并且所针对的歧视群体也有所不同（Thomsen, Green, & Sidanius, 2008）。大量跨文化的研究都得到了社会支配取向与右翼权威主义得分有中等程度相关的结果，但也有分析研究显示二者间相关受地区文化和国家政体的调节作用影响（Roccato & Ricolfi, 2005）。

Duckitt 和 Sibley（2007, 2009）认为，这两者的区别部分是由于权威主义人格受到了危险世界信念的影响，而社会支配取向受到了竞争丛林信念（competitive jungle belief）的影响。持有竞争丛林信念的个体，会将世界看为一个充满竞争、弱肉强食的"丛林"，弱者受支配是天经地义的，所以会有较高水平的社会支配取向。

2.4　Feldman 的模型

Feldman（2003）也是试图给出权威主义人格的理论解释，并且在这种理论的指导下编制测量工具，进行实证研究，而不是仅仅依靠统计分析的结果来决定量表项目的取舍。

他从社会理论家们的观点出发，认为与他人共处一个社会，就会产生个人自主（personal autonomy）和社会凝聚的目标间的紧张，会有个体利益和社会利益间的冲突。如果所有人都只追求自身利益，毫无控制，社会就会陷入混乱。所以，在一定程度上，是行为规范指导了社会成员的互动，使社会秩序保持稳定。

对具体的个人而言，可能价值取向并不相同。有些人主要受个人自主的意愿的支配，而另一些人会对无限制的自由深感恐惧，觉得自由就会带来失序。Schwartz（1992）进行了一项社会价值研究，佐证了这一价值取向上个体差异的存在。他发现，服从和自我导向（self-direction）的价值在很多国家都各自集聚在一起（cluster together），而且两者相互对立。

于是，Feldman 定义了一个维度，一端是无限制的个人自主，另一端是严格地服从社会行为规范。这个维度代表了社会服从和个人自主这两种价值的相对的优先权。在 Feldman 看来，权威主义是一种先在的气质（predisposition），产生于社会服从和个体自主的价值冲突。从互动论的角度讲，行为是人格特质和情境因素的混合函数（Snyder & Cantor, 1998），所以倾向于社会服从的人并不总是会表现出群体间的消极态度,必须有特定的情境因素的配合。这一情境因素就是感知到社会凝聚受到威胁。从这个角度,他认为权威主义的行为,是社会服从——个人自主和感知到的威胁之间的交互作用的结果。这种理论有助于解释为什么权威主义者并非对所有的外群体都表现出同样的群体间的消极态度,因为并非所有的外群体都会对社会凝聚产生威胁。

Feldman和Duckitt分别从不同的理论基础出发,得出了非常类似的权威主义的模型。为了寻找纯粹的人格因素,他们都把因袭主义成分从权威主义人格中排除出去。这样做有助于澄清权威主义人格与思想意识间的关系。这两者是有区别的。右翼权威主义量表的表述带有明显的思想倾向性,这常使得研究者们不得不在那些根本不涉及政治的研究中,还要把带有明显的思想倾向的测量内容包含进来。现在这种做法能够避免这种情况。

Feldman和Duckitt都认为,权威主义人格的核心成分是权威主义服从和敌意,且敌意会在感知到威胁时转化为具体的攻击行为表现于外。但在对这两种成分具体含义的理解和测量上,两人是不同的。Feldman使用社会服从和个人自主这两种价值取向的相对权重,来评价权威主义这一先在的气质,而Duckitt使用形容词评定量表测量社会服从,似乎更符合寻找人格特质的要求。对于威胁的来源,Duckitt以群体认同理论为基础,这种威胁是指对内群体的威胁,群体凝聚的需要是从群体认同中生发出来的,Feldman则认为威胁是指社会凝聚的威胁,社会凝聚的需要是被对社会秩序的关注所激发的。从对威胁的测量上看,Duckitt所看重的是一般的威胁的感知,对于世界本质的信念,Feldman在测量时,既注重一般的威胁层面,也关注来自特定群体的威胁。

以上是几种主要的有关权威主义人格的理论和测量工具,每一种都会遭致各种批评,但对它们的评价标准中始终包含着一条共同的原则,那就是必须能够较好地预测群体间的消极态度。这是从Adorno开始就定下的基调,寻找权威主义人格就是为了寻找群体间的消极态度的人格基础。所以群体间的消极态度一直是权威主义人格的研究所关注的重点。

3 已有的相关研究

权威人格概念的提出,曾使得战后对群际间群体间的消极态度与歧视的研究达到一个高峰。这其中很多研究集中于测量和比较国家间的权威主义态度,或者一个国家内部不同地区间的权威主义态度，或者一个国家较长一段时间里，权威主义的变化趋势（Altemeyer，1988；Todosijevie & Enyedi，2002），如根据 Altemeyer 的计算，加拿大学生的权威主义倾向自 70 年代后，有上升趋势。70 年代，45%的人高于中等分数，1987 年上升到 80%。

另外一条研究线索是用权威主义的量表来预测包括种族群体间的消极态度在内的各种群体间的消极态度，保守权威人格除了对一般歧视倾向有显著预测力外（Duckitt & Sibley，2007），也能很好地预测针对各种具体群体的歧视，如对同性恋（Goodman & Moradi，2008），职场女性（Christopher & Wojda，2008），新移民（Thomsen，Green，& Sidanius，2008）等的歧视态度。

在一些非歧视的态度方面，保守权威人格也有很好的预测力。如暴力态度（Benjamin Jr.，2006），对战争的态度（Lyall & Thorsteinsson，2007），对人权的态度（Cohrs，Maes，Moschner，& Kielmann，2007；Crowson，2007），以及宗教原教旨主义（Shaffer & Hastings，2007），均和保守权威人格得分有不同程度的显著相关。

更有研究发现保守权威人格与智力（Heaven，Ciarrochi，& Leeson，2011），认知风格（Kemmelmeier，2010），以及创造力（Rubinstein，2003）间存在着相关。保守权威人格还可在一定程度上预测人们的职业选择，因为个体更倾向于选择能满足其情感需求的工作（Rubinstein，2006）。

4　心理机制

寻找权威主义人格的核心成分，只是权威主义研究的一部分。如果把它看作是静态的部分的话，那么与之相对应的，还要进行权威主义的心理运作机制的研究，要找到是出于怎样的心理需要，又是在怎样的情形下，经过了怎样的心理过程才最终导致了权威主义行为的出现。

首先要提及的是威胁这种情境因素。很多不同的理论都认为，威胁是产生权威主义态度和行为的重要前提，在个人和群体层面都是。Fromm 认为，法西斯的兴起就是因为社会经济状况的威胁，增加了人们的不安全感，使他们要"逃离自由"而服从权威。Lipset 提出，工人的更高水平的权威主义，反映了相对较高的经济威胁。有研究者将权威主义行为指标与社会层面的威胁联系起来，分析了高威胁的 1978~1982 年和低威胁的 1983~1987 年，这两个时期的档案数据，结果发现权威主义的大部分态度和行为成分，都随着威胁的降低而显著降低了（Doty，

Peterson,& Winter,1991)。结论支持了威胁与权威主义的关系。但这种研究只涉及社会层面的威胁与权威主义的关系,它并不能代表个人层面的情况(Duckitt,1992)。

于是研究者开始关注人们内心感知到的威胁。Altemeyer 提出,权威主义者之所以会产生群体间的消极态度,一定程度上是由于他们倾向以内群体—外群体这一维度作为他们认识世界的基本维度。对他人,他们首先以此标准进行分类,内群体中的他人是自已人,而外群体中的他人则是外人,并认为属于外群体的那些人,对传统价值观是有威胁的。这种在个人层面感受到的威胁,能够导致权威主义攻击。通过研究,Altemeyer 发现权威主义与"世界是个危险的地方"(the world is a perilous place)的感受之间存在 0.50 相关。前面已讲过的 Duckitt 的模型中,认为社会服从和危险世界的信念(belief in a dangerous world)会影响权威主义的态度,正是对这一结论的验证和发展。在这里,归属于不同的群体被认为是威胁的来源。

而另一些研究者认为是与价值观有关的因素,使人们感知到了威胁。Rokeach 提出信念一致性理论。他相信,是信念的不同,而不是群体或人种的不同,导致了群体间的消极态度。Feldman 则认为感知到的其他人对社会规范或价值观的挑战就会产生威胁,它可以来自于一个特定的群体,也可以是对一般性的威胁的感知。这种观点也有证据支持。有研究者发现象征性的信念(symbolic beliefs)(它是指个体认为被评价群体认同传统价值观的程度)是权威主义者所持态度的强预测源,特别是他们对那些被贬损的团体(如同性恋者)的态度。还有研究者发现,道德判断是权威主义者对他人进行评价的基本维度,会影响到喜不喜欢他人(Smith & Kalin,2006)。而且,权威主义与感知到的犯罪的严重性呈正相关,与感知到的惩罚的严厉性呈负相关(Feather,1996)。由于人们是按自己所持的价值观对事件进行评价的,所以上述研究结论可以看作是反映了权威主义者的各种价值的优先性,他们有着特定的价值取向,比如更重视服从、安全、保守等方面的价值,而不强调自由、开放的价值(Duriez,Van Hiel,& Kossowska,2005),而且,还说明了他们对传统价值观受到冒犯特别敏感,感知到这一点就可能会对冒犯者给以权威主义攻击。

至于权威主义是出于什么样的心理需要的问题,Duckitt 使用群体认同理论给出解答(Duckitt & Mphuthing,1998)。他认为是对群体的认同导致了群体凝聚的需要,而外群体会对群体凝聚产生威胁,于是产生权威主义。Feldman 的观点与此不同,他从社会学的理论出发,认为人与他人共处一个社会,就会在个人自主和社会凝聚的目标之间的产生矛盾,会有个体利益和社会利益间的冲突。行为规范在一定程度上指导了社会成员的互动,使社会秩序保持稳定。尽管在社会服从维度上,有些人主要受个人自主的意愿的支配,而另一些人会更倾向于服从社会规范,但是每个人都有保持社会秩序的需要。挑战社会规范和价值观的行为,就会被看作是对社会秩序的威胁。

综合而言,Duckitt所认为的权威主义的心理机制可以表述为,人们有着群体凝聚的需要,当个体在社会服从对自主这一人格特质的社会服从一端得高分,而且将世界看作是危险的和具威胁性的时候,他就很有可能拥有权威主义态度和行为。而Feldman认为,人们有着保持社会秩序的需要,如果个体更倾向于社会服从这一价值观,同时又感知到价值观受到挑战,社会秩序受到威胁,那么该个体就很可能出现权威主义态度和行为。

5　权威主义人格的形成

以上的内容已经能够说明,权威主义人格是如何与其他因素相互作用,从而产生权威主义行为的,接下来人们还是会问,权威主义人格是怎样产生的,它是由后天环境造就的,还是人生来就具有的呢?

还是Adorno等人最先提出自己的观点,他们仍然根据精神分析理论,认为是童年期的创伤导致了权威主义人格。如果父母(儿童童年时期内群体中的权威)以严厉的、惩罚性的方式来对待儿童,那么儿童对父母会产生敌意态度,而此种敌意态度会因恐惧等原因被压抑。敌意只是被压抑,并没有消失,它会被转移到外群体身上,而且权威所具有的坏的方面(不公正、支配他人等),也会被投射到外群体身上,于是产生了权威主义者指向外群体的攻击。所以只有让儿童得到真正的爱,把他们当作人来对待,才能从根本上阻止权威主义人格的形成。

Altemeyer认为,社会学习理论能让人们更好地理解一个人是如何成长为一个右冀权威主义者的。学习理论认为,在人与社会环境的互动中,模仿、强化和条件作用的过程塑造了人的态度和行为。对一个孩子而言,如果其父母就是僵化服从权威、严格按照规则行事的人,那么这个孩子就更有可能成长为一个有着右冀权威主义态度的成人。而且在这种环境下长大的孩子,会接受到一些信息,认为外群体是危险而有敌意的。这样的信息会一次次地被强化,于是他们就会自然而然地接受这样的看法。

以上两种说法都认为童年期的家庭环境是很重要的因素,实证研究在一定程度上支持了这种观点。有研究发现,父母的权威主义的确与儿童的权威主义相关(Peterson, Smirles, & Wentworth, 1997)。父母的权威主义的分数能预测权威主义的教养方式。儿童会把这种方式感知为权威主义的方式。这种感知,会增加他们与父母间的冲突。所以高权威主义父母的孩子,更可能成为一个高权威主义者。这个结果表明,权威主义的根源能从家庭中找到,但机制是复杂的。

Ronald(2004)从进化心理学的角度对权威主义人格形成进行了解释。进化心理学总是从种族的生存与繁衍的角度来解释行为,这里也不例外。那些能快速组织起来保护自己的群体,更有可能生存下来,因此服从的倾向无论在攻击的还是防守的群体中,都是重要的。在紧急情况下,如果群体成员过多考虑要不要服从,那么涣散的状态会让群体失去战斗力。根据这种解释,权威主义人格是人与生俱来的一种人格特质,它是人类长期进化的产物。

6 讨 论

从二战结束到今天,人们对权威主义人格的研究尽管经历过低谷,却从未停止过,而且往往会随着新的测量工具的出现,激发出新的研究热情,尤其是右翼权威主义量表之后,研究者们纷纷使用它来预测包括种族偏见在内的各种群体间的消极态度。右翼权威主义还能预测对政府不公正的接受程度、惩罚违法者的愿望以及在 Milgram 型实验中的服从行为。还有研究把权威主义与对社会运动的强烈敌意反应联系起来,这些运动是对现有经济、文化、思想的挑战,如对环境运动和女权运动(Pratto, Sidanius, Lisa, Stallworth, & Bertram, 1994)的偏见。权威主义者更支持美国参加越南战争和海湾战争,也更有可能对心理健康服务持负面态度(Furr, Usui, & Hines-Martin, 2003)。广泛的研究内容使得权威主义成为理解当今社会生活的重要概念。

但对这一人格因素的认识,还是不够深入和完善的,主要表现在三个方面。一是权威主义人格的定义。对它的定义常是用它所包含的各种各样的成分来进行的,Adorno 和 Altemeyer 等人的做法就是如此,还有其他一些研究者如 Heaven认为,权威主义是由部分的成就动机、部分的支配、部分的因袭、部分的武力、部分的惩罚、部分的种族主义共同建构的。尽管这些建构的共变是非常重要的,但把它们这样概括为权威主义的概念则是不太恰当的。这使得权威主义没有一种单一建构的清晰定义,而且也缺乏一个能说明为什么分离的建构能共变的理论

（Pratto，Sidanius，Lisa，Stallworth，& Bertram，1994）。从这一角度看，Duckitt 把权威主义的人格基础简化为社会服从对自主，似乎是一条不错的思路。

二是右翼权威主义究竟是人格还是态度的问题，这还可以理解为情境因素对右翼权威主义究竟会起到怎样的作用。很多研究显示了群体间的消极态度的一般性，即一个不喜欢某个外群体的人，也倾向于不喜欢其他外群体。这个一般性原则（generality principle）被认为是反映了稳定的个体差异。Altemeyer 支持这种观点，并且把右翼权威主义和社会支配取向整合在一起，把它们看作是权威主义人格的两个不同的方面，右翼权威主义是权威主义的服从面，社会支配取向是权威主义的支配面，还有人把这两者与同情（empathy）合称为群体间的消极态度的大三（Soenens，Duriez，& Goossens，2005）。稳定的个体差异意味着它是独立于即时的社会情境因素的。但有人批评这种个体差异取向忽略了真实的社会冲突（Guimond，Dambrun，Michinov，& Duarte，2003），因为群体间的消极态度的测量从没有完美地跨目标群体相关过（Duckitt，1992），对不同的群体敌意会有不同（Furr，Usui，& Hines-Martin，2003）。于是右翼权威主义被看作是态度，会受到人格因素及世界观的影响，当环境发生变化时，右翼权威主义也会发生变化。研究这一问题具有一定的现实性，既然右翼权威主义能预测群体间的消极态度，那么如何控制群体间的消极态度便与如何控制右翼权威主义有关。如果右翼权威主义受情境影响，就意味着人们能够通过适当地改变环境来改变右翼权威主义，最终达成减少权威主义行为的目标。

三是如何看待社会服从和个人自主这一维度的问题。Duckitt 把社会服从和个人自主作为一个维度的两端，并且把它们与个人利益和社会整体利益联系起来，类似于个人主义和集体主义的划分。而它们是否属于同一个维度，学界的声音不止一种。这里结合华人的研究来说明这一点。在杨国枢做的中国人的传统性与现代性的实证研究中，有两种成分，遵从权威和平权开放（杨国枢，2004），和社会服从与个人自主维度相似。按一般的现代化理论，传统性与现代性是此消彼长的关系，二者是一个维度的两端，正如社会服从与个人自主就是一个维度。但杨国枢认为，这是值得怀疑的，他把个人传统性与现代性分成了两个维度，分别进行测量，再检验两者的关系，发现数据并不支持两者处于同一维度的结论。还有研究者认为，中国人既是权威主导的，同时也保留了强烈的个体意识，个人并没有消融于社会关系中（Dien & Dora，1999）。中国人是不是真能从心所欲而不逾矩，还需要进一步的证据。而且如果事实果真如此，我们又该如何看待权威主义人格，也是需要探讨的。

第三章
群体间的消极态度的人格基础之二：
社会支配取向

人们只要留心便不难发现存在于这个世界中的不平等现象,比如男性和女性相比,他们往往容易获得较多的工作机会、较丰厚的报酬和较高的社会地位,即使在女性具有相同甚至更强能力时也是如此。在有些国家种族歧视的现象很严重,有色人种特别是黑人会受到排挤,为争取到必要的社会资源他们需要付出多得多的努力。类似的例子还有很多。人们总是因为自身的某种属性而归属于一个群体,并随着这个群体在社会中的地位高低而受到公正或不公正的对待。尽管人人平等是人类自古以来的共同理想,但不平等的现象并未因此而消失。除了社会经济政治的根源以外,这其中是否有心理因素在起作用? 是否存在某种人格层面的因素,影响了不平等现象的形成和维持? 研究者们提出了社会支配取向的概念,试图对这一问题进行探索。

1 社会支配取向的含义及其影响社会不平等的机制

1.1 社会支配取向的含义

社会支配取向(social dominance orientation,SDO)是社会支配理论(social dominance theory,SDT)的一部分(Pratto,1994)。该理论是为了解释以群体为基础的不平等是如何产生的,以及按阶层(hierarchy)的形式组织的社会是如何延续下来的。研究者们注意到,某些思想会让人相信一个群体比其他群体更优越,如社会达尔文主义、性别主义(sexism)、种族主义等,都暗示了一些人不如另一些人优秀。这些思想使群体间的不平等变得合法,所以被称作加大阶层合法化的神话(hierarchy-enhancing legitimizing myths);而另外一些思想则会减少群体间的差异,如"所有的人都是上帝的子民"和女性主义的思想,就是将所有人都一视同仁。这类思想被称作减少阶层合法化的神话(hierarchy-attenuating legitimizing myths)。用"神话"一词是为了说明这些思想就像是早期人类创造的神话一样,被人们用来解释世界,比如加大阶层的合法话神话能在维持或加大不平等的同时,不增加群体间的冲突,因为接受它的人相信世界本该如此。

社会支配理论假定对以上两种合法化神话的接受程度会影响社会中的不平等的程度,所以那些能够影响对思想的接受程度的因素就显得很重要了。社会支配取向就是一个在人格层面发挥作用的,能影响个体对合法化神话的接受程度的个体差异变量。它反映了个体对群体间关系是平等的还是有阶层的一般性偏好,以及个体期望优势群体支配劣势群体的程度(Sidanius & Pratto, 1999)。研究表明,高社会支配取向者会希望内群体更多地支配或优于外群体,而且偏好加大阶层差异的思想,而低社会支配取向者则希望群体间的关系是平等的,会偏好减少阶层差异的思想。

1.2 社会支配取向影响社会不平等的机制

社会支配取向是如何影响社会不平等的呢?我们可以从社会支配取向与价值观间的相关看出些端倪。有研究者使用 Schwartz 价值量表(Schwartz Value Survey)进行研究。这一量表包括 57 项价值观,用以代表 10 个普遍的价值观动机类型,分别是权力、成就、享乐主义、刺激、自我定向、普遍主义、仁慈、传统、遵从、安全(Schwartz, 1992)。结果发现,社会支配取向与自我提升对自我超越(self-enhancement vs. self-transcendence)的价值观维度之间存在相关。自我提升包含权力和成就等价值观,自我超越是指普遍主义(universalism)和仁慈等价值观,社会支配取向与自我提升正相关,与自我超越负相关(Duriez & van, 2002)。与此一致,有人发现高社会支配取向者有着竞争的、为权力而斗争的世界观,而低社会支配取向者有着与人合作、重视他人的世界观(Duckitt, 2006)。而且,社会支配取向还与一系列的社会态度有关,包括喜欢能立刻使自己获得好处的东西、不顾平等或道德等态度(Hing, Bobocel, Zanna, & McBride, 2007)。

从社会认知的角度看,价值观是属于认知层面的人格变量,它能对人所追求的目标进行心理表征,并能引发目标导向的行为。根据上述研究所表明的社会支配取向与价值观的相关,有人提出高或低社会支配取向者分别拥有两种相反的动机性目标,高社会支配取向者的目标是优越、支配或比他人拥有更高的权力,低社会支配取向者则追求平等和利他性社会关怀(Duckitt,2002)。

研究表明,高地位群体的成员,如高社会经济地位的人有较高水平的社会支配取向(Levin,2004),这反映出高地位群体更希望维持社会的不平等及其对外群体的支配,而低地位群体的成员则相反,他们希望社会能变得平等一些。两者在目标上的不同能从社会支配理论的角度来解释。社会是以群体为基础的阶层来进行组织的,支配群体有着更多的特权、自尊和权力,于是在对有限的资源进行分配时,自然是对支配群体有利,而被支配群体的利益则被牺牲掉。因此,支配群体为了能保持高地位带来的利益,就会更希望维持其优势地位,更偏好阶层划分和对外群体的支配,而处于劣势的低地位群体的成员则反对阶层划分。

当高社会支配取向者的优势地位受到威胁时,他们更可能表现出内群体偏好,对外群体产生偏见,包括内隐偏见。在一项研究中,研究者使用斯坦福大学的学生为被试,让他们阅读一段名为"声誉的下降导致入学率的下降"的文字,内容是将最近斯坦福大学的公众丑闻和斯坦福的排名从第一降到第五联系起来,把这些归因为斯坦福的学生并不像人们所认为的那样成熟、亲社会、用功或聪明。这篇文章明显触及到被试群体的精英地位和群体认同,而且,向其精英地位的合法性和稳定性提出质疑。接下来,研究者使用了一个启动实验,即先在屏幕上快速显示"我们"或者"他们"作为启动词,然后显示一个效价是好的或者是坏的的目标形容词,要求被试评价这些跟随在内群体或外群体的代词(如我们,他们等)后面的特质形容词是好的还是坏的。结果发现,高社会支配取向者在面对威胁时,内群体或外群体代词都是很强的评价启动词(Pratto & Shih,2000)。

如表3-1所示,当启动词是"我们"时,如果目标词的效价是好的,也就是说将我们与好的东西联系在一起,这时,高社会支配取向被试的反应时为910毫秒。而当目标词的效价是坏的,也就是将我们与坏的东西联系在一起,这时高社会支配取向的被试的反应时为991毫秒。这要显著长于前一种实验条件。当启动词是"他们"时,情况则刚好相反。如果目标词的效价是好的,也就是说将他们与好的东西联系在一起,这时高社会支配取向被试的平均反应时为975毫秒,而如果目标词的效价是坏的,即将他们与坏的东西联系在一起,这时高社会支配取向被试的反应时为905毫秒。这要显著短于前一种实验条件。因此,高社会支配取向的被试无意识地将我们与好的东西联系在一起,当这两者配对时反应时较短,同时他们也无意识地将他们与坏的东西联系在一起,当这两者配对时反应时也较短。这显示出内隐群体间的消极态度的存在。尽管文章中没有提到外群体，但高社会支配取向者已明显从"他们"中读出了负面意义。

表 3-1　不同实验条件下被试的平均反应时

启动	目标词效价		
	好的	坏的	差异
所有被试(N = 43)			
我们	937	996	59
他们	982	940	-42
差异	45	-56	
低社会支配取向的被试(N = 21)			
我们	966	1.001	35
他们	989	977	-12
差异	23	-24	
高社会支配取向的被试(N = 22)			
我们	910	991	81
他们	975	905	-70
差异	65	-86	

　　当群体之间的地位差距真的变小、资源分配会变得更加公平时，高社会支配取向者会把这种变化看作是一种丧失。有研究表明，那些高社会支配取向的加拿大本地人，会更倾向于认为移民们从加拿大人手中抢去了就业机会和其他社会经济资源。而在美国则存在这样一种现象，在对种族平等状况的评价上，白人往往会认为社会在种族平等方面已取得很大进步，但黑人却认为进步得不够。有研究者将社会支配理论与期望理论(prospect theory)的观点相结合来对这些现象进行解释(Eibach & Keegan，2006)，期望理论认为当人们对等量的丧失和获得进行主观评价时，丧失会更有份量，会对人造成更大的影响。因为白人本来拥有更多的社会资源，群体间的平等的增加对他们意味着丧失，而同样程度的平等的增加对黑人而言则是一种获得，尽管程度相同，但丧失对人的影响更大，所以白人会觉得进步已经很大了。

　　不论是产生群体间的消极态度还是把平等看作是丧失，显然都会阻碍社会平等的进程。除此之外，个体还会去寻找与自身的社会支配取向水平相匹配的社会角色，并通过扮演不同的社会角色来影响社会的平等(Pratto，Stallworth，Sidanius，

& Siers, 1997)。有些社会角色是服务于精英或既得利益群体的利益的,这类角色被称为加大阶层的角色,比如司法系统、公司高层人员等,而另外一些则是服务于劣势群体的,它们被称为减少阶层的角色,比如社工和慈善团体等。研究表明,高社会支配取向者会选择加入那些保持或增加社会不平等的机构,而低社会支配取向者则会成为减少不平等的机构的成员。

2 影响社会支配取向的因素

2.1 社会支配取向的性别差异

高社会支配取向者可能会加大社会的不平等,那么哪些人有可能具有较高水平的社会支配取向呢?哪些因素会对社会支配取向的水平产生影响呢?社会支配理论区分了性别和一些情境因素可能产生的不同影响。

几乎所有的社会都存在一个或多个支配群体,拥有更多的权力、地位和物质,而且至少还有一个群体处于被支配的地位。社会支配理论认为,有两类因素能用来对群体进行划分并决定其地位高低,分别是性别和武断设置的系统(arbitrary-set system)(Guimond, Dambrun, Michinov, & Duarte, 2003)。武断设置的系统基于种族、国别、宗教等因素来划分群体,"武断"意味着划分的基础来源于广泛的文化因素,并没有一般性的原则(Pratto, Stallworth, Sidanius, & Siers, 1997)。例如南非的种族隔离系统、印度的世袭系统,以及混合着阶层、种族、国家的霸权形式,如在美国,白人就比非裔和拉丁裔的人具有更高的社会地位和权力。

性别系统则具有跨文化性,在所有主流文化中,男性总是比女性拥有更多的权力和更高的地位(Levin, 2004)。而高地位群体成员拥有更高的社会支配取向水平,对此研究者们提出了不变假设(invariance hypothesis),认为社会支配取向的性别差异具有跨文化和跨情境的稳定性,男性的社会支配取向水平总是比女性高(Sidanius, Pratto, & Bobo, 1994)。为了验证这一假设,他们使用 1897 名洛杉矶市民为被试,这些被试的年龄、社会阶层、信仰、教育程度、政治思想、种族、原籍等都有着相当大的差异,结果显示即使是在控制了这些因素之后,男性的社会支配取向得分仍然比女性要高。还有一项研究搜集了包括美国、以色列、新西兰、中国在内的一些国家的数据,结果也支持了不变假设,而且男性比女性高出的程度在不同国家之间也是很接近的(Sidanius, Levin, Liu, & Pratto, 2000)。

社会支配取向的性别差异会在很多方面影响个体的行为表现。一种现象是男性在加大阶层的角色中占大多数，而女性在社会工作和慈善团体等减少阶层的角色中的比例很高。这就出现了一种疑问，究竟是性别因素还是社会支配取向水平上的差异导致了男女在社会角色上的差异？研究表明，性别、社会支配取向水平以及对阶层角色的偏好三者间都有相关，但在控制了社会支配取向水平后，男女被试对阶层角色的偏好是没有差异的。相反，在控制了其他因素后，具有不同社会支配取向水平的人在偏好上仍然有显著差异（Pratto，Stallworth，Sidanius，& Siers，1997）。这说明是社会支配取向造成了个体对阶层角色的不同选择，男性和女性正是因为有着不同的社会支配取向水平才使得他们拥有不同的社会角色。

　　而且高社会支配取向者会阻止低地位群体成员对他们的优势地位产生威胁，男性也不例外。他们占据着支配的社会角色，而且有维持他们的群体支配的强烈愿望。当女性接近男性主导的领地时，男性会通过使用传统性别规范等合法化神话的方式来维护他们的高地位（Sidanius，Pratto，& Bobo，1994）。性别社会化，包括男性化和女性化都与社会支配取向有关。男性的特质，如支配和武断等，与高社会支配取向者的特征相对应，维护了他们的支配地位；与女性化相连的特质，如关怀和同情，则与低社会支配取向者的特征相对应，且会使她们保持较低的社会地位（Poch & Roberts，2003）。所以，女性为了得到领导地位，必须违背社会规范，而当女性表现出支配行为时，可能会得到相当负面的评价。

　　在一项研究中，实验者先给男性被试看一段女性管理者的支配和服从行为的录像，然后让他们对录像中表现出传统或非传统行为的女性分别给予评价（Poch & Roberts，2003）。结果发现，男性对两者的看法是不同的，他们更不喜欢支配的女性领导者，认为其更无效，更无能。而且这种对支配的女性领导者的不喜欢，受到男性社会支配取向水平的强烈影响。

　　从进化论的观点来看，男性之所以会有更高的社会支配取向，是因为男性能否成功繁衍其后代直接取决于他们是否获得并维持了较高的社会地位和权力。还有研究发现，性别是自我分类和其他分类的主要维度，即使是在一个并不是以性别来对群体进行分类的情境下，性别编码也会比种族编码强得多（Kurzban，Tooby，& Cosmides，2001）。因此，性别系统不会像武断设置的系统那样受到情境的影响。

2.2　影响社会支配取向的其他因素

　　尽管社会支配取向的性别差异有可能是跨文化跨情境一致的，男性总是比女性高,但对武断设置的系统而言,情况并不是这样,社会支配取向的水平可能会受到各种情境因素的影响。研究者提出个体所处的群体是其社会化的来源,该群体的社会地位会影响个体的社会支配取向的水平。处于支配的社会地位的群体,既包括那些处于社会阶层的顶层的群体,也包括加大阶层的组织,这些群体和组织都会拥有相对来说更大份额的财富和权力等社会资源。支配群体中的人会接受更高水平的社会支配取向,而那些被支配群体的人则会接受较低水平的社会支配取向。这与群体社会化的思想是一致的(Guimond,2000),它强调的是人们的社会支配取向会随着他们所加入的群体而变化。

很多研究都验证了这一观点。有研究用实验操纵的方法,将被试随机安排到支配的社会地位,发现他们的社会支配取向水平显著上升(Guimond,Dambrun, Michinov, & Duarte,2003)。而且在真实的社会群体之间,社会地位差异越大,不同群体的成员之间的社会支配取向水平也差异越大,如白人与黑人之间的社会支配取向的差异,就比白人和亚裔之间的社会支配取向的差异要大。而如果两个群体的相对地位发生变化时,群体间的社会支配取向的差异也会相应地发生变化,如一项在以色列、北爱尔兰和美国开展的研究表明,社会支配取向的差异会随群体地位差异的加大而增加(Levin,2004)。

在加大阶层的组织中,个体会通过认同相应的合法化神话的方式来与组织的阶层角色相匹配。比如新入编的白人警察在最开始的 18 个月中,对黑人的负面态度会逐渐提高(Pratto,1994);在大学法律系中,高年级的学生比一年级的学生有着更高的社会支配取向。还有人发现,个体在减少阶层的环境下生活一段时间后,社会支配取向的水平就会降低(Sinclair,Sidanius, & Levin,1998)。

3   社会支配取向与群际偏差间的关系

3.1   内群体偏好与外群体偏好

在群际关系的研究中,一个最一致的发现就是内群体偏好效应,即社会群体成员更偏好内群体,而不是外群体(Levin,Federico,Sidanius, & Rabinowitz,2002)。然而,内群体偏好真的是群际关系的必然特征吗?已有研究对此提出质疑。低地位群体成员对内群体的评价往往不像高地位群体成员对内群体的评价那么积极,他们常对内群体抱有矛盾和冲突的态度,对外群体反而有着较积极的态度(Jost,

Pelham, & Carvallo, 2002)。也就是说,低地位群体成员常会表现出外群体偏好。例如,黑人小孩比较喜欢白人玩偶;非裔美国人常会接受对内群体不利的刻板印象,如懒、不负责、暴力等,甚至他们比欧裔美国人更认可这些刻板印象(Brown, 1995)。在最小群体范式中,低地位群体也更少作出对内群体有利的分配(Sachdev & Bourhis, 1987)。

另一个类似的例子是性别歧视。几乎在所有文化中,女性都被限制在低地位的社会角色中(Tavris & Wade, 1984)。尽管性别角色发生变化,女性的权力仍比男性少(Diekman, Goodfriend, & Goodwin, 2004)。通常人们认为,性别偏见是处于较高地位的男性对女性的一种群际态度。但其实性别偏见不仅是男性对女性的态度,也是女性对自身群体的态度(Lee et al., 2010)。研究者们发现,尽管女性是性别歧视的对象,但是女性也和男性一样会认可性别偏见(Barreto & Ellemers, 2005;Kilianski & Rudman, 1998;Swim, Mallett, Russo-Devosa, & Stangor, 2005)。在女性中常常表现出对性别不平等的默许和支持(Jost, Banaji, & Nosek, 2004)。对女性而言,这种态度便是外群体偏好的表现。

除此之外,从上世纪七十年代开始,研究者们还注意到一个与此相关的现象,即有些低地位群体成员并没有参与那些能改变其群体社会地位的行动(Kinder & Winter, 2001)。尽管存在群际冲突,但更多时候人们会选择接受现状,而不是试图改变它。Smith 和 Mackie(2002)认为,群际态度比人们已认识到的要更为复杂。

3.2 对低地位群体中的外群体偏好现象的解释

这些例证说明在低地位群体中,不仅存在内群体偏好现象,还存在外群体偏好现象。除社会支配理论之外,还有一些理论也试图对这些群际态度的现象做出解释。比如,对于内群体偏好现象,社会认同理论做出了较好的解释,但是对外群体偏好现象则缺乏解释力(Sidanius, Pratto, Laar, & Levin, 2004)。社会认同理论提出较早,此后相继有研究者对社会认同理论进行批评,并借以发展新的理论取向,包括社会支配理论和系统公正理论(Rubin & Hewstone, 2004)。与社会认同理论相比,社会支配理论和系统公正理论不仅关注群体成员为何会为其内群体利益而行动,还进一步提出群体成员支持与其群体利益相反的行为和信念的原因。下文主要介绍社会支配理论对群际态度的解释,也会涉及系统公正理论对社会支配取向概念的理解。

对于群际态度和行为,社会支配理论在很大程度上是从个体差异层面来对群际关系进行解释的,其核心解释变量是社会支配取向(Huddy,2004)。而且,社会支配取向是对群际态度和行为最有解释力的变量之一(Ho et al.,2012)。在解释群体成员为何会支持与其群体利益相反的行为和信念时,社会支配取向是一个关键变量。

要了解社会支配理论是如何对群际态度进行全面地解释的,需要对该理论的发展进行系统地阐述。社会支配理论自提出以来,进行了多次修订。理论的核心假设也发生了根本性的改变,这些改变主要在社会支配取向的定义上表现出来。刚提出社会支配取向的概念时,理论家把它定义为个体期望内群体支配并且优于外群体的程度(Sidanius,1993)。高社会支配取向者会希望内群体更多地支配或优于外群体,而且偏好加大等级的思想,也就是会更加支持群体间的消极态度;而低社会支配取向者则希望群体间的关系是平等的,会偏好减少等级的思想,不会支持群体间的消极态度。所以, 这时社会支配取向的含义和内群体利益是一致的,社会支配取向越高,就越希望能为内群体争取更多的利益。高地位群体的成员,如高社会经济地位的人有较高水平的社会支配取向(Levin,2004),这反映出高地位群体更希望维持社会的不平等及其对外群体的支配,而低地位群体的成员则相反,他们希望社会能变得平等一些。

社会是以群体为基础的等级来进行组织的,支配群体有着更多的特权、自尊和权力,于是在对有限的资源进行分配时,自然是对支配群体有利,而被支配群体的利益则被牺牲掉。因此,支配群体为了能保持高地位带来的利益,就会更希望维持其优势地位,更偏好等级划分和对外群体的支配,而处于劣势的低地位群体的成员则反对等级划分。

然而地位会对内群体偏好产生影响。低地位群体的成员对内群体的评价往往不像高地位群体成员对内群体的评价那么积极,他们常对内群体抱有矛盾和冲突的态度,对高地位群体倒有着较积极的态度(Jost & Burgess,2000)。

据此,在第二版中,研究者将社会支配取向的定义改为个体对内群体支配的期望,以及对不平等的、等级的群体关系的期望(Sidanius,Pratto,& Bobo,1994)。根据这种定义,社会支配取向表现了两种需要:一是对内群体支配的需要,二是对群际等级关系的需要(Jost & Thompson,2000)。后面这一层意思是新加入的。根据这种定义,对于低地位群体,较高的社会支配取向水平既有可能意味着期望内群体支配,也有可能意味着期望现存的不平等的等级关系得以延续。前一种需要和社会支配取向与第一版的定义是一致的, 这时,不论在高地位群体中还是在低地位群体中,社会支配取向的含义都与内群体利益一致。群体间的消极态度会受到高地位群体成员的认可，以及低地位群体成员的反对。而后一种需要，即希望维持不平等的群体关系，对于高地位群体而言，仍是与其内群体利益一致的；对于低地位群体而言，维持不平等的群体关系是和内群体利益相悖的。按照这种需要，尽管像群体间的消极态度这种合法化神话对低地位群体是不利的，然而个体的社会支配取向的水平仍可能会和对群体间的消极态度的支持程度呈正相关。

对社会支配取向界定的改变，为社会支配理论解释低地位群体中的成员支持与自身利益相违背的群体间的消极态度这种现象，提供了可能性。但同时也带来一个问题，即它只是提出了这两种在低地位群体中存在矛盾的需要，如果这两种需要同时存在的话，那么社会支配取向究竟会如何在低地位群体中发挥作用呢？这个理论矛盾在这一版的社会支配取向的定义中没有得到解决。

第三版的社会支配理论再一次对社会支配取向的概念进行了修改，删除了原有定义中的内群体支配的需要。具体的表述是：对不平等的群体关系的一般期望，不管这意味着内群体支配还是内群体从属(Sidanius et al.,2001)。按照这种定义，不管个体所属群体地位是高还是低，只要其社会支配取向的水平较高，就会更倾向于保持群际差异。在高地位群体中，保持不平等的群际关系和内群体利益是一致的，其支配的社会地位会得以延续。在低地位群体中，保持不平等的群际关系意味着其从属地位将得以维持，这和其内群体利益是相违背的。换句话说，社会支配取向能预测人们对合法化思想的接受程度，社会支配取向的水平越高，对群体间的消极态度的认可程度也会越高(Levin et al.,2002)。

然而，很多实际研究中发现的却是被称为思想不对称(ideological asymmetry)的现象，即社会支配取向与合法化思想相关，在地位不同的群体中是有差异的(Sidanius et al.,2004)。也就是说，内群体地位会对社会支配取向和合法化思想之间的相关产生影响，见图3-1。有两种思想不对称的形式：各向同性不对称(isotropic asymmetry)和各向异性不对称(anisotropic asymmetry)(Lalonde et al.,2007)。各向同性不对称是指，社会支配取向和合法化思想之间的相关，在高地位群体和低地位群体中都是正向的，只是前者比后者高($r_高 > r_低 \geq 0$)；各向异性不对称是指，社会支配取向和合法化思想之间的相关，在高地位群体中是正向的，而在低地位群体中是负向的($r_高 > 0 > r_低$)。也就是说，在高地位群体中，社会支配取向能够较一致地预测其对合法化思想的接受程度。但是在低地位群体中，社会支配取向和合法化思想之间的相关情况是不确定的(Thomsen et al.,2010)。比如 Lalonde 等人(2007)发现，在白人中，社会支配取向越高，就越反对种族间通婚；而在黑人中，社会支配取向与种族间通婚的态度间无显著相关。社会支配取向在地位不同的群体中所起到的作用似乎是不同的。

图3-1　思想不对称效应示意图

总而言之,尽管社会支配理论已做了一定的修正,但是各个版本都存在一些问题。最早的理论版本预测了无处不在的内群体偏好, 这与事实不符 (Reicher, 2004)。第二版社会支配取向的双重概念也受到质疑,因为低地位群体中的高社会支配取向的个体,会存在对内群体支配的期望,和对等级的群体关系的期望之间的冲突。第三版社会支配取向能对低地位群体成员认可群体间的消极态度的现象提供更好的理论解释(Jost et al.,2004)。但按照该理论逻辑,社会支配取向在高、低地位群体中能以同样的程度加强对群体间的消极态度的支持,而研究结果却一再表明,社会支配取向的这种作用主要出现在高地位群体中。而且它也不能解释为什么有些低地位群体中的高社会支配取向者会偏好内群体 (Rabinowitz, 1999)。这使得社会支配理论难以做出一种清晰一致的解释,来说明与支配有关的动机究竟是如何对群体间的消极态度起作用的(Levin et al.,2002)。或许问题的实质一方面在于社会支配取向的内涵还未彻底厘清,另一方面,单用社会支配取向对群体间的消极态度进行较全面的解释是不够的,社会支配理论的解释模型需要其他的变量来解释剩下的变异(Rabinowitz,1999)。

3.3　对社会支配取向概念的再认识

3.3.1　系统公正理论对社会支配取向的解读

如前所述,社会支配理论为了有更强的解释力,对社会支配取向的概念进行了多次修订。与此同时, 社会支配理论以外的一些研究者也在对社会支配取向的意义进行探索。在他们看来, 或许这个概念并不是社会支配理论本身所认为的那样。

系统公正理论提出个体存在着系统公正动机,该动机会驱使个体认为现存的社会分配是合法的(Jost & Banaji,1994)。对于低地位群体而言,系统公正动机自然会损害其个体和内群体的利益。人会有与自身利益不符的想法和行为似乎是难以理解的。但我们回顾历史，便不难发现在历史上的大多数时候，不仅高地位群体期望不公正的存在，而且即便那些处于较低地位的群体，对不公正的存在采取的也是默许的态度，而不是对此做出反抗（Zinn，1968）。Jackman（1994）的调查研究表明，支配和从属群体都非常厌恶冲突和对抗，两者之间常会发展出合作的关系，甚至在非常不平等的情境如奴隶制中也是如此。低地位群体的成员常会愿意牺牲自身利益而维持不平等的等级划分。

Jost 和 Banaji（1994）提出的系统公正理论中，区分了三种不同的公正倾向或动机。第一个是自我公正动机，该动机会发展和保持有利的自我形象，感到自我合法。第二个是群体公正动机，这主要是社会认同理论所说的，发展和保持有利的内群体的形象。第三个是系统公正动机，即认为现状是合法的、好的、公正的、自然的，甚至是不可避免的一种心理需要（Jost，Banaji，& Nosek，2004）。由此可以看出，对低地位群体来说，后两者之间存在冲突。自我公正动机和群体公正动机都是对内群体有利的，而系统公正动机则可能导致对内群体不利的结果。由于系统公正理论对这三个动机做了清晰的区分，它能够解释为什么低地位群体会支持不平等的等级关系。

从理论层面，从系统公正理论的角度来看社会支配理论，会发现社会支配理论涉及了第二个和第三个动机。第一版的社会支配取向的定义与群体公正动机类似，第三版的社会支配取向更多地与系统公正观点相融。Sidanius 等人（2001）认为，有对不平等的群体关系的一般期待，不管这意味着内群体支配还是内群体从属，这使它更近于系统公正。与此一致，Overbeck 等人（2004）发现，有着高社会支配取向的低地位群体成员接受不平等的地位关系，而不是反抗。

从研究层面，Jost 和 Thompson（2000）对社会支配量表进行了因素分析，发现它包含两个因素，分别代表了不同的思想建构。一个是以群体为基础的支配（Group-Based Dominance，GBD）和反对平等（Opposition to Equality，OEQ）。以群体为基础的支配的含义是期望提升内群体的利益、地位和权力，这与社会支配取向第一版定义类似，即期望内群体支配并优于外群体的程度（Pratto et al.，1994）。反对平等的含义是期望保持现存的等级系统，不管这意味着内群体支配还是内群体从属，这与社会支配取向第三版定义类似。

这两个因素对高地位群体来说有着同样的含义，而对低地位群体则不是。对高地位群体，反对平等和以群体为基础的支配都是内群体利益的反映，两个因素的意义是一致的，都会使其更认可群体间的消极态度。在低地位群体中，反对平等即支持现存等级系统，就会无视内群体利益，而以群体为基础的支配则意味着为内群体争取利益，不支持现存等级系统。两个因素的作用正好是相反的。因此，反对平等会和群体间的消极态度正相关，而以群体为基础的支配与群体间的消极态度之间的相关则较低或无关。见表3-2。

表3-2　社会支配取向的两种因素(动机)含义表

基本含义		在地位不同的群体中的含义		在不同的群体中对群体间的消极态度的影响			
		高地位群体中	低地位群体中	高地位群体中		低地位群体中	
反对平等	期望保持现存的等级系统	对内群体有利	对内群体不利	与群体间的消极态度正相关	两因素作用方向相同	与群体间的消极态度正相关	两因素作用方向相反
以群体为基础的支配	期望提升内群体的利益	对内群体有利	对内群体有利	与群体间的消极态度正相关		与群体间的消极态度无关或负相关	

更重要的是，两个因素与群体间的消极态度之间的相关程度的不同，能解释思想不对称效应的产生。对低地位群体，以群体为基础的支配与群体间的消极态度正相关，反对平等与群体间的消极态度负相关，作用方向正好相反。对高地位群体，两个因素都与群体间的消极态度正相关。所以，当使用社会支配取向总分计算与群体间的消极态度的相关时，就会出现社会支配取向在高地位群体中预测力较强，但是却不能很好地预测低地位群体的群体间的消极态度的情况。

3.3.2　社会支配理论做的修正

Jost 和 Thompson（2000）从系统公正理论出发，区分出社会支配取向的两种动机，并且认为低地位群体中社会支配取向的两种动机缺乏一致性，的确能够对思想不对称效应做出解释。受此启发，社会支配理论家们也提出了自己的看法（Levin et al.，2002）。他们认为，思想不对称效应可能说明了社会支配取向在不同的情境下会反映出两种不同的动机。当社会支配取向反映了反对平等动机时，它会与支持现状相关。这种情况下，会出现社会支配理论预测的对称的模式，即在高或低地位群体中，社会支配取向都会与群体间的消极态度正相关。相反，当社会支配取向反映了以群体为基础的支配正动机时，它就会主要在高地位群体中与群体间的消极态度正相关。这个就会导出思想不对称作用的模式特征，社会支配取向在高地位群体中，与群体间的消极态度相关更强。

这种理解和 Jost 等人的观点尽管有相似之处，但还是不太一样的。Jost 等人把社会支配取向区分成两个因素，分别看这两个因素的不同作用。而这里仍把社会支配取向看作一个整体，只是在不同的情境下，社会支配取向会发挥不同的作用。因此，社会支配取向会表达哪种动机实际上取决于其他变量的作用。也就是说，存在其他的调节变量，使得社会支配取向在不同的情境下表现不同的作用。

有研究认为，个体对群际关系实质的看法和信念会对社会支配取向发挥哪种作用产生一定影响。群际地位差异的合法性感知便是这样的一种信念（Levin et al.，2002）。根据社会学中关于等级社会的观点（Weber，1947），合法性感知会对等级系统的可接受性产生影响（Hogg & Abrams，1990）。当地位差异合法性较高时，无论高低地位群体成员都会接受现存的等级系统；而当地位差异不合法时，每个群体都倾向于维护自身利益。那么可以推出的假设是，在高地位群体中，不管感知到的合法性如何，社会支配取向都会与内群体偏好正相关。而在低地位群体中，当低地位群体个体感知到系统合法时，社会支配取向会表达反对平等动机，与外群体偏好正相关，而在感知到不合法时，社会支配取向会表达以群体为基础的支配动机，与外群体偏好无关。结果支持了以上假设。

4　社会支配取向量表在中国的应用

如上所述，社会支配取向的概念和结构仍存在争议。有学者在中国文化下考察了社会支配取向量表的结构，使用了探索性因素分析和验证性因素分析的方法，发现该量表由三个因素组成（Li，Wang，Shi，& Shi，2006）。除了包含前文中提到的两个因素外，还出现了一个在国外研究中没有的一个因素，即优势群体的排他性。原有的社会支配取向量表中有三个项目进入了排他主义这个因素，分别是"如果某些群体能够安分地留在他们的位置上，我们就会减少很多麻烦"（项目5）、"比较差的群体应该安分地留在他们自己的位置上"（项目7）和"有时候其他群体必须被限制在他们自己的地方"（项目8）。为了增加这个新的因素的信度，研究者又增加了三个新的项目，分别是"社会发展是由少数精英群体领导的"、"有些群体就该做些简单低等的工作"以及"应该限制比较差的群体向上层流动"。

研究表明，这个因素的得分能预测高地位群体（管理层员工）和低地位群体（新晋员工）间的社会支配取向水平的差异。而且这个因素与权威主义人格正相关,与利他主义负相关。这些结果支持了这个新的因素的有效性。

那么为什么在中国文化中会出现优势群体的排他性因素呢？该研究认为,从社会结构上说,传统的中国社会是家长制的等级结构,各个社会角色的权力是不平等的。这种社会结构已延续了相当长的时间。人们会自觉地遵从其社会角色所赋予的规范(孙隆基,2004)。另外在财富的分配方面,自上世纪八十年代以来,改革开放使中国的经济得到了巨大的发展,并且增加了社会流动。中国社会不再像上世纪六七十年代那样强调平均主义,而开始认识并接受社会中的财富不均。有些精英阶层中的个体可能会认为,将自己与一般人区分开是合理的,而且应该限制一般人进入精英阶层。而那些期望成为精英的一般人则会反对这种对其的排斥,希望能不受限制地向上流动(王春光,2005)。由于这样两种不同观点的存在,就可能在优势群体的排他性这个因素上出现个体差异。

5　社会支配取向与权力

早期人们认为社会支配取向只是以群体为基础的支配,它与个体间支配(interpersonal dominance)之间,是相互独立的(Pratto,1994)。然而,后来的研究却表明,个体的社会支配取向与对权力的渴望和使用权力间,有中等程度的相关(Altemeyer,1998)。高社会支配取向者会感到优越感,更多支配他人(Lippa & Arad,1999),渴望拥有更高的社会地位和经济地位。而且高社会支配取向者有着更多的强硬态度,更少关心他人,更少表现出温暖和同情(Duckitt,2006),他们在马基雅维利主义上的得分更高(Heaven & Bucci,2001)。这些结论都说明社会支配取向与个体间的支配是有关系的。

有一项研究验证了这一点(Hing,Bobocel,Zanna, & McBride,2007)。被试被告知这是一项关于决策能力的研究,首先测量被试的社会支配取向水平,然后将被试分成两人一组,单独在一个房间里用五分钟的时间来表达各自的能力,商量两人由谁当领导者,谁为下属。并告知被试,他们需要对一项事务做决策,帮助某机构获得最大收益。为了激励被试尽力表现自己,研究者告诉被试将在研究结束时对获得收益最大的 5 个组给予奖励。研究者会在被试商议出谁当领导时或者 5 分钟结束时进入房间。结果表明,高社会支配取向的被试更有可能使用策略去取得领导者的位置,也就是说,社会支配取向能够预测个体间的支配,以及获取领导职位的愿望和能力。而低社会支配取向的被试成为领导者或跟随者的可能性是一样的。见表3-3。

表3-3　不同社会支配取向的被试成为两种角色的人数

结果	低社会支配取向的被试	高社会支配取向的被试
获得领导角色	7	14
获得下属角色	10	3
没有选择	3	3

不仅如此，社会支配取向与权力之间还存在其他的关系。有研究者从社会认知的角度提出，权力的作用能在一定程度上理解为权力—目标的心理联结。启动权力概念之后，就会激活与之相连的目标，生发出目标导向的反应。对有些人而言，权力是与自我取向的目标相连的，激活权力概念会使他们的行为集中于提升私利；对另外一些人来说，权力与社会责任目标相连，会产生关心、响应他人的需要和看法的行为。这两类人分别被称为交换关系取向（exchange relationship orientation）和公共关系取向（communal relationship orientation）。不难发现，这两类人的目标是与高或低社会支配取向者的目标十分类似的（Chen，Lee-Chai，& Bargh，2001）。权力究竟会产生积极作用还是消极作用，看来与拥有权力者的社会支配取向水平是有关的。一项研究表明，高社会支配取向的领导者的确更有可能做出诸如污染那些不太发达的国家这样的不道德的决定（Hing，Bobocel，Zanna & McBride，2007）。

社会支配取向的研究还有助于加深人们对权力的理解。高权力者倾向于更多地在组织中表达自己的意见，而这个效应会在高社会支配取向者中得到加强，也就是那些认为社会阶层是合理的人，如果获得了高地位，就会更多地表达意见，使用权力来产生影响。这在某种程度上说明，不能只把权力当作一个资源和地位变量，权力的作用并非只是个体的客观地位的产物，它还包含了社会认知成分（Islam & Zyphur，2005），会随着个体态度的不同而不同。

6　总　结

社会支配取向这个概念有着丰富的社会内涵，它是一个用来解释以群体为基础的社会不平等现象的个体差异变量。它能够驱使人们去接受特定的信念、态度或价值观，去加入能增加或减少群体间不平等的群体或组织。Pratto 等人制作了社会支配取向的量表,得分能可信地预测很广泛的思想信念。对这个概念进行研究有很强的现实意义。从已有研究来看,至少还有以下几个方面值得研究者进一步思考。

第一,从前文的论述中,可以看到社会支配取向与社会角色和社会地位之间的关系并不是单向的。高水平的社会支配取向可以使得个体去寻求更高的社会地位和加大阶层的社会角色,同样,处于高地位和加大阶层的社会角色中的个体,也会受到环境的影响而使社会支配取向的水平提高。这些研究结论对于认识社会支配取向的性质是很重要的。因为一直以来,社会支配取向究竟是人格特质还是态度都还有争论。有人认为它是特质,这意味着是社会支配取向决定了人们对社会角色的选择,而不是相反。

但有更多的研究者认为它并不是特质,因为有很多证据表明,社会支配取向并非稳定持久,它会受到情境因素的影响而发生变化。也就是说,社会支配取向并不是独立于个体的社会地位的。因此,把社会支配取向定义为一个对群体间关系的一般倾向,而不加任何限定,是不可取的。将它看作态度似乎更合理(Duckitt,2002)。但有研究者仍坚持认为它是特质,因为尽管社会支配取向量表的得分是随情境变化了,但这是表层的变化,更深层的东西仍没有发生改变,也就是被试的等级次序(rank order)没有变(Laar & Sidanius,2001)。所以这场争论看来还会继续下去,双方都必须拿出更有力的证据才能让自己的立场更有说服力。

第二,社会支配取向能解释群体间的消极态度的产生,为了能减少群体间的消极态度,人们自然就会想到应使社会支配取向的水平降低。那么如何能做到呢? 有人认为让个体接受教育就能减少群体间的消极态度(Hewstone, Rubin,& Willis,2002),但正如曾提到的一项研究所表明的,大学法律系的学生会随着入学时间的延长而拥有更高水平的社会支配取向,这说明教育并不一定能减少群体间消极态度,只要在一个加大阶层的环境中,个体就会受到影响。尽管这种变化趋势并不是人们愿意看到的,但它也隐含了另外一种可能性,就是假若对情境进行恰当控制,社会支配取向的水平也有可能下降。但具体的做法还需要今后的研究提供进一步的指导。

第三,对社会支配取向的研究已经由群体支配扩展到个人支配,它与权力之间的相互作用也逐渐为人们所认识。开始时,人们认为社会支配取向扮演着调节变量的作用,即权力的作用依赖于与之相连的目标建构,权力会发挥积极的还是消极的影响取决于个体是关心提升自身利益还是关注他人需要。对于目标的分类有公共或交换关系取向,还有类似的比如独立或互依的自我建构(Chen &

Welland，2002），这些都与高或低社会支配取向者间的差异相似。这类研究在设计时，都假设权力的变化不会导致个体目标的变化，或者没有考虑到是否会变化。但是已有研究表明权力对社会支配取向是有影响的，当权力增加时，个体会变得更多地追求自身利益，当权力减少时，个体会更多地追求与他人有关的利益。因此，今后的研究应考虑社会支配取向作为中介变量的可能，设计时应包含能检验这种中介作用的步骤。

而且，权力对社会支配取向的影响还有可能会受到个体所处的情境因素的影响，如果在一个加大阶层的环境下，拥有权力有可能导致社会支配取向的增加，但如果在一个减少阶层的环境中，权力的增加可能会导致社会支配取向的降低（Guimond，Dambrun，Michinov，& Duarte，2003）。这也是今后这类研究中应考虑的内容。

第四，社会支配理论认为，社会支配取向的性别差异有着社会生物学渊源，所以在任何主流文化、社会或情境中，都是不变的。已有一些研究给出了支持的证据，但对这一假设人们始终还是有所怀疑，特别是情境的变化又确实能引起社会支配取向的变化。也许在女性整体处于弱势的情况下，其社会支配取向的水平在整体上是无法比男性更高的，但当女性进入高地位群体或加大阶层的组织之后，她们的社会支配取向到底会有多大的变化却还并没有定论。

有人认为不同种族的人之间亲密接触很少，种族支配会唤起高度的敌意，而在男女交往中，男人希望拥有和女人之间的积极的、亲密的、浪漫的关系和友谊（Glick & Fiske，1996），因此男性支配的特点是控制女性，但又不唤起女性的敌意，它表面上更像是一种正面的态度而非消极态度，女性可能会心甘情愿地接受男性的支配。这种因素可能导致女性在社会地位提高之后，社会支配取向的水平也仍与男性有差距（Levin，2004）。但有研究者认为，性别主义并非都不带有敌意，它分为两种，一种是善意的性别主义，它会为选择了传统性别角色的女性提供保护，另一种便是敌意的性别主义，它有着对女性的负面态度（Fiske，2000）。那么当女性面对敌意的性别主义时，她们的社会支配取向水平是否会受到诸如社会地位等情境因素的影响而发生显著变化，还有待进一步研究。

第四章
社会支配取向与情境因素
对群体间态度的影响研究

1　研究意义

本研究的目的在于通过对社会支配取向与情境因素的分析,来加深对社会支配取向以及群体间态度的形成机制的认识。

社会支配取向的概念虽然出现的时间并不算太长,但与之相关的研究已有一定数量。究其原因,可能与这一概念本身所具有的丰富的社会内涵有关,毕竟它涉及到了多方面的社会问题。但要看到的是,尽管如此,现有的研究成果距离研究者们想要达到的改善这些问题的目标还很远,因此,对它的研究还能够也有必要继续深入下去。本研究针对社会支配取向、情境因素与群体间的消极态度间的关系展开研究,关注当前社会支配理论与社会认同理论所争论的焦点问题,具有一定的理论价值。同时,将现实社会中的矛盾与冲突融合到研究中,可对现实问题的形成和发展机制提供理论参考,具有现实意义。

1.1　情境因素

前文已述及,针对解释群体间的消极态度时的人格和情境因素的相对重要性的问题,还存在争议。这方面的研究文献较多,其中与社会支配取向有关的情境因素主要是社会地位和对社会地位的威胁。因此,本研究也选择这两个情境因素作为研究变量。

社会地位是指个体所拥有的社会经济地位。威胁的含义则较复杂,它最初时指的是一种对权力和资源的争夺,这是一种真实的威胁。而现在,研究者则同时强调真实的和感知到的威胁这两方面(Morrison,2007)。在社会认同理论中也涉及到了威胁的概念,其中有一项是合法性威胁(legitimacy threat),它指的是群体地位的合法性受到威胁,不仅包括对群体价值的质疑,还有对由群体成员资格而派生出的各种特权、名望的质疑。当合法性威胁出现时,高地位群体会为其特权地位进行辨护(Maass,2003)。因为还没有出现对威胁的统一的定义与分类,在本研究中只是使用较为模糊的概念即对社会地位的威胁来进行指称,实际上其含义与感知到的合法性威胁相似。

1.2　群体间的消极态度的含义

群体间的消极态度是指人们不以客观事实为根据建立的对人、对事的态度。它具有以下几个特征:(1)群体间的消极态度以有限的或者不正确的信息来源为基础;(2)群体间的消极态度的认知成分就是刻板印象;(3)群体间的消极态度有过度类化的倾向;(4)群体间的消极态度含有先入为主的判断。

后来,由于对态度的测量通常使用 Thurstone 量表、Likert 量表这样的自我报告的测量工具,所以态度的含义中意识的、外显的成分更多。而在 Greenwald(1998)提出内隐联想测验后,人们能够方便地测量到内隐态度。因此,对态度的结构、内涵的研究也能进一步地开展。

人们发现,外显与内隐态度的测量结果常常出现分离(dissociation),比如会出现当外显测量方法显示群体间的消极态度水平较低时,内隐测量方法表明其群体间的消极态度水平较高,或者是在某种情境下,外显或内隐态度中的一种发生变化,而另一种没有变化等情况。这些结果表明,也许外显与内隐态度是两种不同的建构。于是研究者们提出一些模型来解释两者间的关系(Wilson,2000;Petty,2006;Gawronski,2006)。这些模型普遍认为,态度包含了外显和内隐两种成分,外显态度是能被人们所意识到的、承认的,而内隐态度是无意识的、自动激活的。态度的基本定义应该考虑到这样的事实,即一个人能对同一个态度对象抱有不同的评价。

按照这种观点,群体间的消极态度也应分为外显态度与内隐态度两种(Leanne S. Son Hing,2007)。比如,一个人从小在保守传统的环境下长大,对女性有偏见,但长大后,又接受了平等的观念,那么这时对女性会抱有什么态度? 如果按人只有一种态度的说法,当态度改变时,以前的态度就不存在了。而双态度模型认为,这两个态度,会分别以外显和内隐的形式共存。

因此,在本研究中,分别采用自我报告和内隐联想测验两种方法来测量外显与内隐两种群体间的消极态度,并考察社会支配取向与情境因素对两者的影响。

1.3 已有的关于社会支配取向、社会地位与群体间的消极态度关系的研究

1.3.1 社会支配取向作为人格变量

有些研究者是把社会支配取向作为人格变量来看待的,认为它不会随情境因素的变化而变化,而且在一些研究中,社会支配取向和右翼权威主义解释了群体间的消极态度的50%的变异,因此,Altemeyer(1998)认为,要对群体间的消极态度进行解释,主要应从人格方面入手。Whitley(1999)也认为,上述两个建构是群体间的消极态度的原因,而其中社会支配取向是最主要的一个。这些证据似乎都能说明,有些人会比别的人有着更多的群体间的消极态度倾向。

持此观点的研究者还认为,社会支配取向能够解释个体所处的社会地位。个体会去寻找与自身的社会支配取向水平相匹配的社会角色,即高地位群体的成员,如高社会经济地位的人有较高水平的社会支配取向(Levin,2004)。而且个体还会通过扮演不同的社会角色来影响社会的平等(Pratto,1997)。社会支配理论对社会角色进行了划分,有些社会角色是服务于精英或既得利益群体的利益的,这类角色被称为加大阶层的角色,比如司法系统、公司高层人员等,而另外一些则是服务于劣势群体的,它们被称为减少阶层的角色,比如社工和慈善团体等。研究表明,高社会支配取向者会选择加入那些保持或增加社会不平等的机构,而低社会支配取向者则会成为减少不平等的机构的成员。

总的来说,在人格取向中,社会支配取向能预测个体所处的社会地位与群体间的消极态度水平。而且这里强调的是个体对社会地位的自我选择。

1.3.2 社会支配取向与情境因素的调节作用模型

在人格取向中,社会支配取向被认为是不受情境影响的,因此,不论情境如何,不论个体处于何种社会地位,社会支配取向对群体间的消极态度的解释力是不变的(heaven et al.,2003)。而且社会支配取向也能解释个体所选择的社会角色。而社会角色与群体间的消极态度间的关系是由于社会支配取向这个第三变量的存在,而表现出来的虚假相关。

然而这一取向已受多种批评(Reynolds et al.,2001)。虽然 Sidanius 等人(1999)

发现社会支配取向会跨时间高度稳定,但它会跨情境稳定吗?根据前面已经提及的研究证据,我们有理由认为社会支配取向可能并不符合上述人格模型。实际上社会支配理论也认为,社会支配取向和其它个体变量要放在它们所在的社会情境中来考虑(Pratto et al.,1994)。社会支配理论被作为一种将个体差异变量如社会支配取向,整合到对群体间的消极态度和群体间关系的情境分析中的理论,是更合适的(Guimond,2003)。那么社会支配取向和情境之间会是怎样的关系呢?有两种可能性。一种可能是把社会支配取向作为调节变量(Reynolds et al.,2001)。

(1)社会地位作情境因素

社会支配理论提出了思想不一致假设(ideological asymmetry hypothesis),根据这个假设,相比于被支配群体,支配群体的社会态度将更多地受到社会支配取向的影响。这也可以从人与情境相适应的角度来理解,高社会地位会与高社会支配取向相匹配,也就是说,处于较高社会地位的高社会支配取向水平的人,会感觉到对较低社会地位的群体表达群体间的消极态度是适宜的,因此会有最高水平的群体间的消极态度。研究发现,男性中社会支配取向与性别主义的相关,比在女性中更高(Jost et al.,2000)。这可以解释为男性拥有更高的社会地位,是支配群体,而女性是被支配群体。因此男性群体中的社会态度会更多地受到社会支配取向的影响。

(2)对支配群体的社会地位的威胁作情境因素

威胁能够调节社会支配取向与群体间的消极态度间的关系。但是如何调节,却存在不同看法。一种认为,威胁情境下,社会支配取向会对群体间的消极态度产生影响。如 Pratto 等人(2000)的一项研究表明,在威胁情境下,社会支配取向能对被试的内隐群体间的消极态度产生影响,在无威胁的情境下,则没有这种影响,而且排除了中介变量的可能。因此他认为,威胁能够调节社会支配取向与内隐群体间的消极态度间的关系。Quist 发现,对高 SDO 者而言,感知到的群体间威胁与群体间的消极态度间的相关更高(Ryan et al.,2002)。研究者对此的解释是,高社会支配取向者希望保持群体间地位的差异,所以他们会对地位受到威胁的情境作出反应,对外群体产生更多的群体间的消极态度。

另一种看法是,威胁情境下,社会支配取向反而不会对群体间的消极态度产生影响。这种看法来源于自我分类理论,它认为个体的自我概念包含了个体和集体这两个方面,是一个从个体水平的认同到群体水平认同的一个连续体。在它的一个极端,自我被看作是独特的、个体的,与所有的其他人不同。在它的另一端,则是一个去个体化的(depersonalised)自我,把自我看作是群体中的一员,与其他群体不同,但与内群体中的其他人是可以互换的(interchangeable)(Turner & Oakes,1997)。

不同水平的认同会在不同的情境下发挥作用,在没有明显的相比较的外群体时,个人认同将发挥作用,而在与外群体进行比较时,社会认同将会发挥作用。当一种水平的认同变得显著时,会出现心理不连续(psychological discontinuity)的现象(Reynolds et al.,2001),如人格取向所认为的个体差异是属于个人认同水平的,所以只会在个人认同的情境下起作用,能够预测群体间的消极态度,而在社会认同的情境下则无法预测群体间的消极态度。

因此,这里有三种可能性,一是威胁情境下,社会支配取向才能预测群体间的消极态度,二是威胁情境下,社会支配取向反而不能预测群体间的消极态度,三是根据前面的人格模型的观点,不管有无威胁,社会支配取向都能预测群体间的消极态度,也就是说,威胁对于社会支配取向与群体间的消极态度间的关系不能起到调节作用。变量间的关系还需进一步检验。

1.3.3　社会支配取向作为中介变量

(1)社会地位作情境因素

Sidanius 等人(1999)提出社会地位可能会影响社会支配取向的得分,这与群体社会化的观点相一致(Guimond,2000)。作为一个可能的社会化来源,支配群体中的人会接受更高水平的社会支配取向,而那些被支配群体的人则更低(Sidanius & Pratto,1999)。Sinclair 等人(1998)发现,当个体在减少阶层的环境下呆一段时间后,社会支配取向的水平会显著降低。因此,在群体社会化的过程中,群体地位以及加大或减少阶层的环境等因素,均有可能对社会支配取向的水平产生影响。而社会支配取向又会影响群体间的消极态度,因此,社会支配取向就可能中介了社会地位对群体间的消极态度的影响。

这个模型强调的是社会化的过程对个体的影响。这也是它区别于人格模型的地方。要区别这两者,需要把个体放到社会化的背景中进行考查。

尽管模型之间是竞争的,但是它们成立与否并不是绝对的。一个可能的原因是,社会化的过程会对社会支配取向产生影响(Guimond,2003),在社会化的开始阶段,群体地位对社会支配取向是没有影响的,但随着时间的推移,群体地位对它的影响就有可能会显现出来。因此,它们可能会适用于不同情况,而不是绝对地成立或不成立。

（2）对支配群体的社会地位的威胁作情境因素

Duckitt（2002）曾提出一个模型，其中包括了对优势群体地位的威胁与社会支配取向间的可能关系。他认为，社会支配取向不应被看作是人格维度，而应被看作是一种思想信念。它反映了个体内在的动机性目标，正如前面所提到的，高社会支配取向者的目标是优越、支配或比他人拥有更高的权力，低社会支配取向者则追求平等和利他性社会关怀。而动机性目标会被群体间的关系所激活。当群体之间在支配和权力上是竞争关系的时候，就会激活竞争驱动的支配和权力作为动机性目标，并且产生对低地位、低竞争力的外群体的群体间的消极态度。因此，这个模型似乎能将个人水平的变量，如社会支配取向，和群体水平的内容，如地位上的社会竞争整合起来。但 Duckitt 并没有给出具体威胁情境下的验证。

Morrison 等人（2007）根据社会认同理论以及与群体间的威胁有关的理论，也提出当高地位群体的地位受到威胁时，该群体中的个体的社会支配取向水平可能会上升。在研究中，用量表进行两变量间关系的研究时，威胁对社会支配取向显示出了影响，但在随后的实验研究中，这种主效应消失了，取而代之的是威胁与群体认同的交互作用对社会支配取向产生了影响。

Maass 等人（2003）在一项研究中，对被试的群体地位进行了威胁操纵，在被试作出对外群体贬损（性骚扰）行为后，其性别认同水平上升。社会认同是与社会支配取向有着相关关系的变量，在高地位群体中，两者的相关是正向的，内群体认同越高，社会支配取向就越高（Dambrun，2004），而且这种相关比在低地位群体中更强（Sidanius et al.，1994）。既然认同水平发生变化，社会支配取向水平也很有可能发生变化。只是这个研究并没有测量在威胁之后贬损行为之前，性别认同有无变化。

如果威胁对社会支配取向产生影响，社会支配取向与群体间的消极态度间也相关，而且有元分析认为，群体间的威胁与对外群体的消极态度存在关系（Riek et al.，2006），那么，社会支配取向就有可能是一个中介变量。

1.4　调节变量与中介变量

（1）调节变量

调节变量是用来研究 X 何时影响 Y，或何时影响较大的一种变量。如果变量 Y 与变量 X 的关系是变量 M 的函数，称 M 为调节变量（moderating variable），如图 4−1 所示。就是说，Y 与 X 的关系受到第三个变量 M 的影响。调节变量可以是定性的，也可以是定量的，它影响因变量和自变量之间关系的方向和强弱。理想的调节变量是与自变量和因变量的相关都不大。假设 Y 与 X 有如下关系：

$$Y = aX + bM + cXM + e$$

式中 c 衡量了调节效应的大小。在做调节效应分析时，通常要将自变量与调节变量做中心化变换，即变量减去其均值（温忠麟等，2005）。

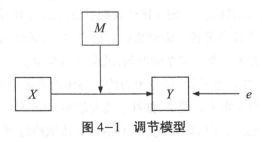

图4-1　调节模型

（2）中介变量

中介变量是用来研究 X 如何影响 Y 的变量。如果 X 通过影响变量 M 来影响 Y，则称 M 为中介变量。中介变量与自变量和因变量间都应有显著相关。三者间的关系可以用下列方程来描述（其中的变量也应做中心化变换）：

$$Y = cX + e1$$
$$M = aX + e2$$
$$Y = c'X + bM + e3$$

相应的路径图为：

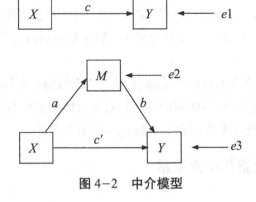

图4-2　中介模型

检验中介效应的前提条件是 Y 与 X 显著相关。在此前提之下，对中介效应的检验方法为依次检验回归系数。首先自变量显著影响因变量，其次在因果链中任一个变量，当控制了它前面的变量（包括自变量）后，显著影响它的后继变量。而如果在控制了中介变量后，自变量对因变量的影响不显著，则是完全中介过程。

结合图中的参数,检验的过程可以表述为(ⅰ)系数 c 显著;(ⅱ)系数 a 显著,且系数 b 显著;(ⅲ)若是完全中介过程,还应有系数 c' 不显著(温忠麟等,2004)。

1.5　对以往研究的评价

首先,国内已有研究者对社会支配取向量表进行了修订,但相关研究还很少。社会支配取向和大量的以群体为基础的阶层的社会和政治思想有关(Pratto et al.,1994),因此,本研究需要找到中国的合法化思想,或者与之相关的社会问题,由此验证社会支配取向对思想意识的预测能力。Pratto 曾经提到过中国传统的性别规范可能是合法化思想的一种表现,但本研究希望能从现有的较为激化的社会矛盾中找到研究内容。

中国近年来城市化的进程非常迅速,社会也正经历巨大变革。中国社科院曾根据职业状况,以及所占据的组织资源、经济资源和文化资源,将中国社会划分为十大阶层。民工阶层属于新出现的一个阶层。新阶层的出现,改变了原来的阶层关系,打破了原来的力量均势,需要新的力量均势,包括政治、经济和社会等方面的力量均势。随着新阶层逐渐对其地位有了更多的认识,他们便不会满足于他们在现行体制中的地位和权利。农民工显然比他们外出之前更清楚地意识到现行政策和制度对他们的不公(王春光,2005)。

然而要打破这种不公,必然要触及到优势群体的既得利益,这也正是社会支配取向所关注的问题。本研究希望通过这一点来找到与社会支配取向有关的中国的现实问题。

其次,从文献综述中可以看出,根据已有的理论,往往能对本研究涉及变量间的关系提出不同的假设。比如在威胁情境下,自我分类理论预测社会支配取向将失去对群体间的消极态度的预测力,相反,人格取向的理论认为无论处于何种认同水平,社会支配取向都能发挥作用。而且已有的研究结果也是不一致的。因此,有必要对各种理论提出的假设进行检验,以进一步完善和发展理论。

第三,以往的研究表明,采用外显和内隐的方式来测量群体间的消极态度,结果可能并不一致。外显态度的测量方式是采用自我报告的问卷,内隐态度的测量依赖于间接的手段,如反应时。前者是在意识的控制之下进行的,后者则是不受意识控制的自动的过程。群体间的消极态度可能包含了自动化的和受控制的两种成分。所以本研究希望通过调查法和实验法,分别对外显和内隐群体间的消极态度与社会情境、社会支配取向间的关系进行检验。

2 研究内容与研究假设

根据文献综述中的内容提出如下研究假设,假设1-5在研究二中进行检验,假设6-9在研究三中进行检验:

2.1 使用社会地位作情境变量的各项假设

H1:人格模型的假设。社会支配取向能预测个体对社会角色的选择以及群体间的消极态度。而且不论个体处于何种社会地位,社会支配取向对群体间的消极态度的预测力是不变的。

H2:调节模型的假设。社会支配取向能预测群体间的消极态度,但这种作用是受到社会地位的调节的。

H3:根据社会支配理论提出的中介模型。社会地位对社会支配取向及群体间的消极态度的水平均有影响,且对群体间的消极态度的作用是通过社会支配取向来中介的。

H4:社会化过程的假设。年级与专业间存在显著的交互作用,即工商管理系学生随年级的升高,社会支配取向水平以及群体间的消极态度水平会显著上升,社会工作系学生随年级的升高,社会支配取向水平以及群体间的消极态度水平会显著下降。

H5:社会化过程的假设。在一年级学生中,人格模型将会成立。在四年级学生中,调节模型、中介模型中的一种会成立。

2.2 使用对支配的社会地位的威胁作情境变量的各项假设

H6:调节模型一。在威胁情境下,社会支配取向能够预测群体间的消极态度水平;在无威胁情境下,社会支配取向不能预测群体间的消极态度水平。

H7:调节模型二。自我分类理论的假设。按照 Reynolds 等人(2001)的观点,如果将个体所在的内群体与某个外群体作比较,将会启动个体的社会水平的认同。而本研究的研究变量,即合法性威胁的刺激情境,就是将个体所属的内群体与另一个低地位外群体作比较,因此,它会激活被试的社会认同。那么,按照自我分类理论就应该能推论出,对优势群体的地位的威胁情境下,社会支配取向与群体间的消极态度间无关;在无威胁情境下,社会支配取向才能够预测群体间的消极态度水平。

H8：人格模型假设。不论在何种情境下，社会支配取向都能预测群体间的消极态度水平。

H9：中介模型。对优势群体的地位的威胁会对个体的社会支配取向及群体间的消极态度水平都产生影响，且对群体间的消极态度的影响是通过社会支配取向中介的。

3　群体间的消极态度量表的编制

3.1　研究目的

因为本研究选择农民工群体作为态度对象，因此就需要一份能够测量到对农民工群体间的消极态度程度的问卷。而已有的群体间的消极态度量表均来源于西方，态度对象多为黑人、女性、亚裔等，难以直接改编为农民工群体间的消极态度量表，所以，本研究首先需要编制一份农民工群体间的消极态度量表，为研究二和研究三作准备。

3.2　项目编制

群体间的消极态度是指人们不以客观事实为根据建立的对人、对事的态度。在国外的群体间的消极态度量表中，项目所涉及的内容往往包括工作、教育、家庭、公民权利等方面，而且根据态度对象的不同，在这些方面可能有的具体表现也不同。只是这些方面的项目并没有聚合成因素的形式。本研究中，根据原有群体间的消极态度的定义，把对农民工的群体间的消极态度定义为人们不以客观事实为根据建立的对农民工的态度。由于群体间的消极态度的外显测量并没有一个明确的、统一的结构，因此，本量表并不打算涵盖人们对农民工态度的所有方面，或者是某个理论领域的全部，只是去关注人们普遍拥有的对农民工的信念。

在编制农民工群体间的消极态度量表的过程中，为了了解大学生对农民工的真实态度，采用了半结构式的访谈。访谈时，选取了6名华中师范大学学生为对象，男女各半，平均年龄为22.3岁。访谈时间为半个小时。事先拟定少数问题作为访谈提纲，由访谈对象作自由回答，在访谈过程中，根据被试的回答再作问题的调整。对访谈全过程进行录音。每次访谈完成后,对录音进行逐字逐句地整理,进行条目的抽取,归类。形成问卷项目时,尽量使用访谈者的原话。

同时,也参考国外应用较多的群体间的消极态度量表中的项目内容,这些量表包括:McConahay(1986)的 Modern Racism Scale,内部一致性信度为 0.79;Katz 和 Hass(1988)的 Anti-Black Scale,内部一致性信度为 0.62;Glick 与 Fiske(2000)的 Ambivalent Sexism Inventory 以及 Classical Racial Prejudice Scales,内部一致性信度为 0.72(Akrami et al.,2000)。

对内容效度的考量:将原始项目、对农民工的消极态度的定义、已有群体间的消极态度量表的项目举例提供给三名独立评分者,要求他们判断这些项目是否能够做为农民工偏见量表的项目。有一位以上评分者认为不妥的项目即考虑删除(Bearden et al.,1989)。最终形成 22 项目的初始问卷,项目涉及对农民工的各种方面的态度,如工作、教育、生活状况等。一半项目反向计分。

3.3 量表预测

将形成的初始农民工偏见量表进行施测、项目分析及筛选。

3.3.1 施测对象

随机选取华中师范大学、武汉大学学生 100 人,方法是到两校的自习室中发放问卷,被试自愿选择是否作答。发放问卷 100 份,实际回收问卷 99 份,回收率 99%,除去任意作答问卷 3 份,共 96 份有效问卷,有效率为 96%。

3.3.2 预测结果

使用 SPSS12.0 进行数据录入和统计分析。首先对原始数据的所有变量进行频次分析,对不合理的数据进行排查校对,查错完毕再进行项目分析和信度分析。

（1）项目分析

本研究对项目进行的是区分度的分析。区分度是指一个项目在某一测量特质上具有较高水平和较低水平的人区分开来的能力。本研究使用临界比率(Critical Ration,简称 CR)和题总相关来作为项目区分度的指标。

CR 的求法是将所有被试的量表总分按照高低排列,得分前 25%~33%者为高分组,得分后 25%~33%者为低分组,对高低两组被试在每一项目上得分的差异进行显著性检验。通常,以测验总得分的前 27%和后 27%,作为高低分组的界限。

在本研究中,将预测量表的 22 个项目相加得总分,按升序排列,将前后 26 名

（96 × 27% = 26）被试作为高、低分组，计算两组被试在各个项目上得分的差异。经独立样本 T 检验显示，第 16 项高低分组间的差异不显著（$t = 0.027, p = 0.978$），第 18 项高低分组间的差异也不显著（$t = 1.893, p = 0.064$）。其余项目高低分组间的差异均在 0.001 水平上显著。

再计算量表 22 个项目与量表总分的题总相关，如表 4-1，发现第 16 项与总分相关不显著，第 18 项与总分在 0.05 水平上相关，而其余项目均与总分在 0.01 水平上相关，具有良好的区分度。

（2）信度分析

对 22 项进行同质性信度分析，Cronbach α 系数为 0.818，如果删除第 16 项，剩余 21 项的 α 系数为 0.829；若在继续删除第 18 项，剩余 20 项的 α 系数为 0.835。问卷信度可以接受。

表 4-1　题总相关

项目	题总相关	项目	题总相关
1	0.541**	12	0.356**
2	0.502**	13	0.502**
3	0.468**	14	0.652**
4	0.561**	15	0.586**
5	0.505**	16	−0.014
6	0.507**	17	0.432**
7	0.476**	18	0.229*
8	0.578**	19	0.488**
9	0.564**	20	0.306**
10	0.289**	21	0.666**
11	0.416**	22	0.403**

3.3.3　量表的修改

根据两种区分度的分析结果来看，第 16 项的区分度极低，第 18 项在临界比率的分析中也没有达到要求。因为用题总相关来计算区分度时，总分中已包括各项目的得分，再计算各项目与总分的相关时，会高估两者间的相关程度，所以，第 18 项在临界比率、题总相关分析中的表现说明，它与总分间的关系很可能是因为被高估而出现的显著相关。而且从信度分析可以看出，删除 16 和 18 项后，量表信度得以提高,因此,考虑删除第16项和第18项。它们的内容分别为"对于农民工所面临的困境,他们自已不用负责任"以及"学校没有为农民工子女提供平等的机会"。

修改后,农民工偏见量表共20个项目,7点计分,其中第3、4、5、11、13、14、15、20题为反向计分。用这个修改后的量表进行正式施测。

3.4 农民工偏见量表的正式施测

将农民工偏见量表进行施测,收集信度、效度资料。

3.4.1 施测对象

随机选取华中师范大学、武汉大学学生200人,方法是到两校的自习室中发放问卷,被试自愿选择是否作答。发放问卷200份,实际回收问卷197份,回收率98.5%,除去无效问卷3份,共194份有效问卷,有效率为97%。

3.4.2 施测程序与内容

按照问卷统一制定的指导语进行施测。施测量表包括农民工偏见量表、社会支配取向量表和态度与意见调查中的期望性作答量表。

社会支配取向量表中文版:由王垒等人(Li et al.,2006)根据Pratto等人(1994)编制的16项社会支配取向量表,在中国文化下修订而成。尽管还有另一种修订的中文版(张智勇等,2006),但根据两篇文献中所提供的数据信息来看,前者的结论更加完善可靠,因此,本研究选择前者作为研究工具。

这一版本的量表有18个项目,删除了原量表中的第16项,另外加入3项新编的项目。18个项目分别属于三个因素,即反对平等、支持以群体为基础的支配和支持支配群体的排他主义。第三个因素是在修订中新出现的,因此被看作是中国文化下所特有的。信度分别为0.81,0.65,0.71。此量表为7点量表。

态度与意见调查中的赞许性作答量表(Responding Desirably on Attitudes and Opinions,简称RD-16):社会赞许性回答是指受试总倾向于给出一个使其显示出良好形象的回答,它会对问卷的效度产生影响(汪向东等,1999)。RD-16由Schuessler等人编制,α系数为0.64。其项目具以下特点:(1)取自广泛的态度和意见量表;(2)施测于分层抽样的成人样本后选出,不同于常见的仅在大学生中进行测试的量表;(3)不受种族和教育程度的影响。因此,它适合在普通人群中进行态度和意见调查时检测社会赞许性的水平。此外,选择该量表的理由是题量较适中,和其它量表一起施测时,较不会使被试感到疲劳。

在本研究中,控制社会赞许性的方法还有问卷匿名,并在指导语中对此作出强调。

3.4.3　施测结果

（1）项目分析

有效问卷 194 份,将量表的 20 个项目相加得总分,按升序排列,将前后 52 名（194 × 27% = 52）被试作为高、低分组,计算两组被试在各个项目上得分的差异。经独立样本 t 检验显示,全部项目高低分组间的差异均在 0.001 水平上显著。

题总相关如表 4-2 所示,所有项目题总相关均在 0.01 水平显著。

表 4-2　题总相关

项目	题总相关	项目	题总相关
1	0.508**	11	0.344**
2	0.508**	12	0.359**
3	0.516**	13	0.458**
4	0.574**	14	0.606**
5	0.516**	15	0.634**
6	0.488**	16	0.465**
7	0.574**	17	0.494**
8	0.594**	18	0.486**
9	0.662**	19	0.685**
10	0.379**	20	0.383**

（2）信度分析

量表 20 项目总信度为 0.854。信度水平可以接受。

（3）社会赞许性水平

RD-16 与农民工偏见量表的相关不显著（$r = 0.09$）。因此,社会赞许性并没有影响被试对量表项目的反应。

（4）效度分析

根据 Pratto 和 Sidanius（1994）观点,任何一种将群体间关系看作是不平等的思想,都是合法化神话,显然,对农民工的消极态度应是一种合法化神话,因此,它应与社会支配取向显著相关。研究结果表明,农民工偏见量表与社会支配取向间显著相关（$r = 0.483, p = 0.01$）。

4 社会地位、社会支配取向与群体间的
消极态度间的关系研究

4.1 研究目的

检验假设 1-5。主要是检验社会支配取向、社会地位以及群体间的消极态度间的关系。按照社会支配理论的观点,处于支配的社会地位的群体,既包括那些处于社会阶层的顶层的群体,也包括加大阶层的组织,这些群体和组织都会拥有相对来说更大份额的财富和权力等社会资源。在这里,按照 Pratto 等人对职业角色的划分,将工商管理系作为加大阶层的组织,处于较高的社会地位,将社会工作系看作是减少阶层的组织,处于较低的社会地位。

4.2 研究方法

采用问卷调查法,检验专业、社会支配取向与群体间的消极态度间的关系。

4.3 研究对象

选取华中师范大学工商管理系和社会工作系一年级和三年级学生共 212 人,回收问卷 207 份,回收率 97%,剔除无效问卷 4 份,共有有效问卷 203 份,有效率为 95%。其中,社会工作系 113 人(一年级 56 人,三年级 57 人),工商管理系 90 人(一年级 51 人,三年级 39 人)。男 71 人,女 117 人,15 人未填写性别。

4.4 研究工具

(1)社会支配取向量表中文版:研究一中已介绍。

(2)自编的农民工偏见量表:即在研究一中所编量表,20 个项目,Cronbach's alpha 为 0.854。7 点量表。

(3)态度与意见调查中的赞许性作答量表(Responding Desirably on Attitudes and Opinions,简称 RD-16):研究一中已作介绍。

4.5 统计方法

采用 SPSS12.0 进行描述统计、多元回归分析、信度分析。使用 Lisrel8.30 进

行模型比较。

4.6 研究结果

4.6.1 卡方检验

经卡方检验,性别分组人数差异显著,女性人数显著多于男性,如表4-3。考虑到社会支配取向的性别差异(Sidanius et al.,2000),男性常会拥有更高的社会支配取向水平,因此在后面的统计分析中,需加入性别因素作为协变量,以排除性别因素对结果的可能影响。年级、专业各组的人数差异不显著。

表4-3 卡方检验

	年级	专业	性别
Chi-Square	0.706	2.824	10.714
显著性水平	0.401	0.093	0.001

4.6.2 社会赞许性的影响分析

由于社会支配取向量表与农民工偏见量表均是有关态度的外显测量工具,需要排除社会赞许性对测量的可能影响。相关分析表明RD-16与社会支配取向量表的相关不显著($r = 0.10$),与农民工偏见量表的相关也不显著($r = 0.09$)。因此,社会赞许性并没有对被试对量表项目的反应产生显著影响。

4.6.3 信度分析

农民工偏见量表的Cronbach's alpha系数为0.859,社会支配取向量表的alpha系数为0.819。

4.6.4 共同方法偏差检验

共同方法偏差(common method biases)指的是因为同样的数据来源或评分者、同样的测量环境、项目语境以及项目本身特征所造成的变量之间人为的共变。这种人为的共变对研究结果产生严重的混淆并对结论有潜在的误导,是一种系统误差。共同方法偏差的控制方法分为程序控制和统计控制。程序控制指的是研究者在研究设计与测量过程中所采取的控制措施,比如从不同来源测量预测与效标变量,对测量进行时间上、空间上、心理上、方法上的分离,保护反应者的匿名性、减小对测量目的的猜度,平衡项目的顺序效应以及改进量表项目等。进行研究时,首先应该考虑采用程序控制,因为这些方法直接针对共同方法偏差的来源。

但是,在很多研究情境中,受条件限制,程序控制方法无法实施,或者无法完全消除共同方法偏差,这个时候就应该考虑在数据分析时采用统计的方法来对共同方法偏差进行检验和控制。

在本研究中,由于社会支配取向与群体间的消极态度都需要而且只能由被试提供信息,用量表的方式进行,就有可能存在共同方法偏差,从而误导结论。在程序控制方面,采用了保护反应者的匿名性的方法来减少共同方法偏差,但这仍不能保证共同方法偏差已得到很好地控制,还需进行统计检验和控制。周浩等(2004)对共同方法偏差的统计检验与控制方法作了总结,提出了根据研究情境选择具体检控方法的原则。根据此原则,本研究应采用加入一个非可测方法变异因子的方法。在结构方程模型中,每一个具体的观测变量的变异分解为特质、方法以及随机误差成分,而每种方法设定为一个潜在变量,通过比较以下两模型的拟合度来检验方法偏差的效应,如图4-3、图4-4。

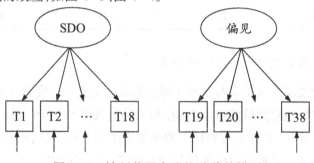

图4-3 控制共同方法偏差前的模型

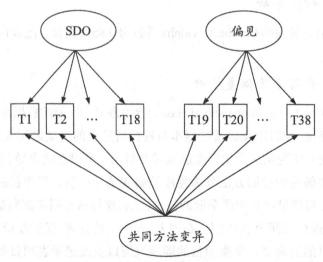

图4-4 控制共同方法偏差后的模型

表 4-4　共同方法偏差检验结果

	Chi-Square	df	RMSEA	GFI	IFI	CFI	NNFI
控制前	2149.11	664	0.105	0.81	0.82	0.83	0.83
控制后	2095.31	633	0.104	0.80	0.81	0.83	0.84

由于无法直接比较拟和指数,采用温忠麟等(2004)提出的结构方程模型检验的卡方准则。在模型比较时采用卡方检验,只是针对不同的样本量选取不同的临界值:N≤150 时,alpha=0.01;N=200 时,alpha=0.001;N=250 时,alpha=0.0005;N≥500 时,alpha=0.0001。本研究样本量为 203,应取 0.001 为临界值。结果表明 alpha'=0.0049>0.0001。可以看出,加入方法变异因子后,模型并未显著改善,所以可以认定测量中不存在显著的共同方法偏差。

4.6.5　回归分析

回归分析前,对变量进行必要的处理。专业、年级、性别是分类变量,都转换成了效应变量。工商管理专业编码为 1,社会工作专业编码为 -1;一年级编码为 1,三年级编码为 -1;男性编码为 1,女性编码为 -1。对社会支配取向进行了中心化处理。根据假设 5,分年级进行各个模型的检验。

(1)调节模型的检验

在一年级中,将专业作为自变量、社会支配取向作为调节变量、专业与社会支配取向相乘作为交互作用项,性别作为协变量,对农民工的偏见作为因变量进行回归分析,如表 4-5。

表 4-5　一年级调节模型检验结果

	标准化回归系数	t 值	p
专业	0.257	2.807	0.006
社会支配取向	0.270	2.801	0.006
专业*社会支配取向	0.064	0.652	0.516
性别	0.079	0.818	0.415

如表所示,专业的主效应显著,工商管理专业的学生比社会工作系的学生的群体间的消极态度水平更高,如图 4-5;社会支配取向的主效应显著,即社会支配取向水平越高,群体间的消极态度水平就越高,将社会支配取向得分按照正负一

个标准差为标准,区分为高/低社会支配取向组,考查两组的群体间的消极态度水平差异,如图4-6;而专业与社会支配取向之间的交互作用不显著。因此,根据调节模型的判断标准来看,可以认为在一年级中,调节模型不成立。

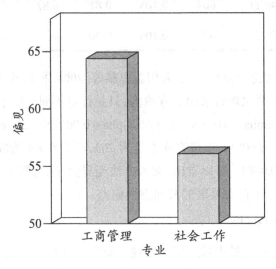

图4-5 专业的主效应

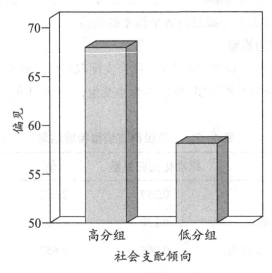

图4-6 社会支配取向的主效应

在三年级中,将专业作为自变量、社会支配取向作为调节变量、专业与社会支配取向相乘作为交互作用项,性别作为协变量,对农民工的偏见作为因变量进行回归分析,如表4-6。

表4-6　三年级调节模型检验结果

	标准化回归系数	t 值	p
专业	0.175	1.830	0.098
社会支配取向	0.578	6.850	0.000
专业*社会支配取向	0.217	2.430	0.052
性别	0.030	0.353	0.725

如表所示,社会支配取向的主效应显著,即社会支配取向水平越高,群体间的消极态度水平就越高,将社会支配取向得分按照正负一个标准差为标准,区分为高/低社会支配取向组,考查两组的群体间的消极态度水平差异,如图4-7;社会支配取向与专业的调节作用显著,如图4-8,根据调节作用的判断标准来看,调节模型成立。而专业与性别的主效应均不显著。

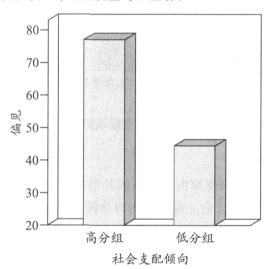

图4-7　社会支配取向的主效应

(2)中介模型的检验

在本研究中,中介模型的假设是把社会地位即专业作为自变量,社会支配取向作为中介变量,对农民工的偏见作为因变量。先检验自变量与因变量间的相关。

在一年级中,专业与社会支配取向的相关为 $0.018(p=0.851)$,在三年级中,专业与社会支配取向的相关为 $0.121(p=0.245)$。这表明,在两个年级中,专业与社会支配取向的相关均不显著,即自变量与中介变量间的相关不显著,因此,中介效应不显著。

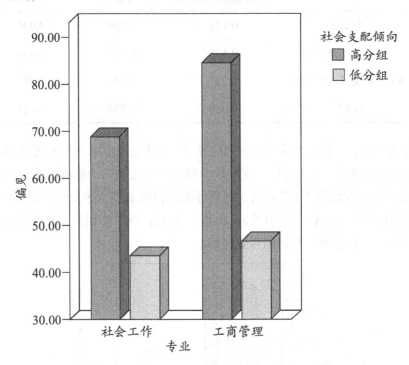

图4-8 专业与社会支配取向的交互作用

(3)人格模型的检验

在一年级中,社会支配取向与群体间的消极态度间显著相关($r = 0.270$,$p = 0.000$),在三年级,社会支配取向与群体间的消极态度间也显著相关($r = 0.590$,$p = 0.000$)。

在一年级和三年级,均是社会支配取向与专业间的相关不显著,即社会支配取向不能预测个体的社会地位;而社会支配取向与群体间的消极态度间显著相关,说明社会支配取向能预测个体的群体间的消极态度水平。因此,这只是部分支持了人格模型的假设。

(4)社会化过程的检验

将年级与专业作自变量,两者相乘作交互作用项,性别作为协变量,社会支配取向作为因变量进行回归分析,结果发现,各主效应和交互效应均不显著。以同样的方法将群体间的消极态度作为因变量进行回归分析,发现各主效应和交互效应也不显著。因此,本研究结果不支持社会化过程的假设H4。

4.7　结果分析

研究二分析了在自然情境下,专业、社会支配取向与群体间的消极态度间的关系。由前面的数据分析可以看到,在三年级中,社会支配取向与专业间的交互作用显著,因此,它支持了调节模型的假设。即社会支配取向能预测群体间的消极态度,但这种作用是受到社会地位的调节的。而在一年级中,由于社会支配取向与专业间的交互作用不显著,不支持调节模型;专业与社会支配取向间的相关也不显著,不支持中介模型,而且对人格模型也只能说是部分支持。

对于社会化过程的假设H5,因为在两个年级中,三者间的关系的确发生了变化,特别是在三年级,支持了调节模型,因此,可以认为这个假设成立。也就是说,随着社会化的不断进行,个体对所处的社会地位会有更多的认知,那么个体的社会地位将会对社会支配取向与群体间的消极态度间的关系产生越来越多的影响。这与 Sidanius et al.(1999)的观点一致。

5　对支配群体的社会地位的威胁、社会支配取向与群体间的消极态度间的关系研究

5.1　研究目的

问卷研究属于相关范式的研究,它的特点在于外部效度高,而内部效度低;实验法的特点在于内部效度高,而外部效度低。因此,研究三采用实验法考察社会支配取向、对支配群体的社会地位的威胁以及群体间的消极态度间的关系。检验假设6—9。

5.2　研究方法

5.2.1　被试的选定

选取了46名华中师范大学的学生,要求来自城市。招募方法有三种,一是在华师博雅吧BBS上发布招募研究对象的贴子,有意愿的学生可自行联系;二是在各宿舍楼前张贴招募广告,有意愿者可自行联系;三是在教学楼门口等人流量较大的地方随机询问同学,看其是否符合要求及是否有意愿参加。因为要测量内隐群体间的消极态度,因此,需要所有被试都在心理学实验室完成实验。

5.2.2 实验程序与设计

采用单因素被试间实验设计,将被试随机分入实验组(26人)和控制组(20人),实验组给予合法性威胁的刺激,控制组给予不具威胁性的刺激。然后所有被试都需完成社会赞许性量表、社会支配取向量表、农民工偏见量表以及内隐群体间的消极态度测量。整个实验过程约需 20~30 分钟。

给予刺激的方法是让被试阅读一篇新闻稿。合法性威胁指的是群体地位的合法性受到威胁,不仅包括对群体价值的质疑,还有对由群体成员资格而派生出的各种特权、名望的质疑。根据这个定义,结合在网络上查找到的有关农民工的新闻线索,编写了两篇模拟的新闻稿。一篇的主要内容是一名身为大学生的农民工子女认为,城市人的形象并不像人们普遍认为的那样,比农民工的形象好很多,即对城市人这个群体的价值、名望的质疑,是一种合法性威胁的刺激,让实验组的被试阅读。控制组的被试阅读的新闻内容是农民工子女与城市学生和谐相处,是一种不具威胁性的刺激。这是唯一的实验操纵。

阅读完后,被试需评价文章中农民工子女对城市人的敌意程度,7点计分,作为对实验操纵的检验。

5.2.3 研究工具

(1)社会支配取向量表中文版:研究二中已作介绍。

(2)自编的农民工偏见量表:即在研究一中所编量表。

(3)态度与意见调查中的赞许性作答量表(Responding Desirably on Attitudes and Opinions,简称 RD-16):研究一中已作介绍。

(4)内隐联想测验(Implicit Association Test,简称 IAT):是 1998 年由 Greenwald 等人提出的一种对个体的内隐态度等内隐社会认知进行间接测量的方法,它是通过测量概念词和属性词之间评价性联系来实现的,是反应时范式在社会认知研究中应用发展的结果。反应时法是认知心理学中最常用的范式之一,其基本程序是给被试事先规定好一定的刺激,要求被试在刺激呈现之后既快又准确地作出反应,同时记录从刺激呈现到被试作出反应之间的时间,其间的时间延迟(latency)即为反应时。反应时的长短标志着机体内部加工过程的复杂性。

在社会认知研究中,由于所呈现的刺激多具有复杂的社会意义,其必然引起被试心理的复杂反应,这些刺激可能与内在需要或内隐态度相一致,也可能与之相矛盾,刺激所暗含的社会意义不同,被试的加工过程的复杂程度就会不同,从而反应时的长短就会不同。

此前反应时法已经在内隐社会认知研究中占有重要地位,如阈上语义启动、阈下语义启动、反应窗技术等都是以反应时作为测量指标,但这些方法在内隐社会认知的个别差异的测量上都缺乏良好的效度和信度,因而多适用于实验研究,而很难用于个别差异的测量(Greenwald et al.,1995)。正是因此,Greenwald 等在既有的反应时范式的基础之上,对传统的反应时方法加以改进和发展,把实验设计的思想运用于测量之中,于 1998 年提出了一种新的间接测量方法——内隐联想测验。

基本过程是呈现一个属性词(attributive words),让被试尽快地进行辨别归类,即归于某一概念词(concept words),并按键反应,反应时被自动地记录下来。概念词(如白人、黑人)和属性词(如聪明、愚蠢)之间有两种可能的关系:相容的(compatible)(如白人—聪明,黑人—愚蠢)和不相容的(incompatible)(如白人—愚蠢,黑人—聪明)。所谓相容,即是指二者的联系与被试内隐的态度一致,或者说对被试而言二者有着紧密且合理的联系,否则为不相容。当概念词和属性词相容,即其关系与被试的内隐态度一致或二者联系较紧密时,此时的辨别归类在快速条件下更多的为自动化加工,相对容易,因而反应速度快,反应时短;当概念词和属性词不相容,即其关系与被试的内隐态度不一致或二者缺乏紧密联系时,往往会导致被试的认知冲突,此时的辨别归类需进行复杂的意识加工,相对较难,因而反应速度慢,反应时较长。

每一反应的反应时及对错情况均由计算机自动记录,具体实验过程见表 4-7。按照 Greenwald 等人(2003)提出的记分方法,(a)删除所有大于 10000ms 的记录;(b)删除有 10%的反应时小于 300ms 的被试的所有记录;(c)分别计算第 3、6 阶段和第 4、7 阶段的标准差("inclusive" standard deviation);(d)分别计算 3、4、6、7 阶段的平均反应时;(e)分别计算第 3、6 阶段和第 4、7 阶段的平均反应时之差;(f)用两个差值分别除以两个标准差;(g)两个比值的均数即是内隐态度的指标。该指标的意义是被试相对于不相容组的词而言,相容组中概念词与属性词的联系程度,即内隐态度的强度。

Greenwald 等人(1998)曾就该方法中可能影响测验结果的因素进行了全面的研究,发现靶概念词的位置(出现在左边还是右边),相容辨别与不相容辨别出现的先后次序,反应键的选择,刺激词呈现的间隔时间的长短,及各部分刺激词的数量的多少对测量的结果均没有显著的影响,并且,对错误反应的处理方式、对呈偏态分布的数据处理方式等对结果也没有显著影响。后来,Dasgupta 等人(2000)的研究还表明对刺激词的熟悉程度对结果也没有显著影响。这表明,测验程序本身是合理可靠的。

内隐联想测验融合了实验设计的基本思想,设置了相容组和不相容组,并且利用反应时的差作为测量指标,最大限度地排除了个体本身反应快慢的影响,减少了个体差异对测量结果的影响,较为纯净地反映了过去经验的强度。

内隐联想测验一个重大突破就是通过对过程的动态的评估从而实现对内隐态度的静态测量。表面上看它是对反应过程的记录,是一个动态的过程,实际上该方法是在一个更高的层面上,测量了一个较为稳定的静态的内隐特质。其缺陷之一是,由于它采用反应时作指标,计时精确到毫秒,测验易受测量情境的影响(蔡华俭,2003)。

具体到本研究中,被试需在计算机上完成以下任务。IAT包含7个阶段,表4-7中列出的,是其中的五个阶段,第3、6两阶段还各自对应一个测验过程4和7,即总共是7阶段。

本次研究采用Inquisit3.11来呈现刺激收集数据。在实验过程中,Inquisit是按照输入的被试编号的奇偶来决定3、4、6、7阶段中,概念词与属性词的联接方式的呈现顺序的,保证一半被试是先接受农民工与积极词、城市人与消极词的组合,而另一半被试先接受农民工与消极词、城市人与消极词的组合。各类刺激词包括:

农民工范畴的词:农民工、民工、工地、工棚

城市人范畴的词:城市人、白领、写字楼、住宅小区

积极形容词:出色、成熟、聪明、主动、稳重

消极形容词:讨厌、粗暴、畏事、轻率、消极

表4-7 IAT的过程

任务	1	2	3(4)	5	6(7)
任务描述	初始靶词辨别	联想属性辨别	初始联合辨别	相反属性辨别	相反联合辨别
靶词	●农民工 城市人●	●积极词 消极词●	●农民工 ●积极词 城市人● 消极词●	积极词● ●消极词	●农民工 积极词● 城市人● ●消极词
刺激举例	○民工 白领○ 城市人○ ○工棚	讨厌○ ○出色 ○稳重 畏事○	○民工 ○出色 讨厌○ 白领○	○讨厌 ○畏事 出色○ 稳重○	○民工 ○讨厌 白领○ 稳重○

5.2.4　统计方法

采用 SPSS12.0 进行描述统计、多元回归分析、信度分析。

5.3　研究结果

5.3.1　实验操纵检查

为了检验实验操纵是否有效,采用 t 检验对两组被试对文章中农民工敌意评分的平均数进行差异显著性检验,结果表明,实验组被试所感受到的敌意 $(M_1 = 5.36)$ 显著高于控制组被试 $(M_2 = 2.22, t = 10.471, p = 0.000)$。这说明实验操纵是有效的。

5.3.2　社会赞许性的影响分析

由于社会支配取向量表与农民工偏见量表均是有关态度的外显测量工具,需要排除社会赞许性对测量的可能影响。相关分析表明,RD-16 与社会支配取向量表的相关不显著 $(r = 0.09)$,与农民工偏见量表的相关也不显著 $(r = 0.08)$。因此,社会赞许性并没有对被试对量表项目的反应产生显著影响。

5.3.3　外显群体间的消极态度的结果分析

被试中男性为34人,女性为12人,经卡方检验,性别人数差异显著(Chi-Square = 10.522, $p = 0.001$)。考虑到性别因素对社会支配取向可能造成的影响,在后面的分析中,都将性别作为协变量。

(1)调节模型检验

将威胁、社会支配取向及其交互作用作为自变量,性别作为协变量,农民工偏见作为因变量进行回归分析。威胁是分类变量,转换为效应变量,实验组即威胁情境编码为1,控制组编码为-1。性别也是分类变量,转换为效应变量,男性编码为1,女性编码为-1。社会支配取向是连续变量,做了中心化的处理。社会支配取向与威胁的交互项即是两者相乘的结果。如表4-8。

表4-8　调节模型的检验结果

	标准化回归系数	t 值	p
社会支配取向	0.208	1.444	0.156
威胁	0.209	1.533	0.133
社会支配取向*威胁	0.321	2.258	0.029
性别	0.129	0.932	0.357

结果表明,社会支配取向与威胁间的交互作用显著。而社会支配取向、威胁、性别的主效应均不显著。将实验组与控制组的社会支配取向得分,分别以其均数正负一个标准差为基准,分为高分组和低分组,对交互作用进行图解,如图4-9:

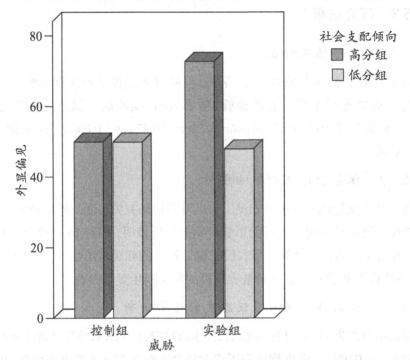

图4-9　威胁与社会支配取向的交互作用

在实验组中,高社会支配取向被试的群体间的消极态度得分显著高于低社会支配取向被试,而在控制组中,高低社会支配取向被试的群体间的消极态度水平无显著差异。这表明,威胁情境调节了社会支配取向与群体间的消极态度间的关系。

进一步检验社会支配取向与群体间的消极态度的相关,发现在实验组中,即威胁情境下,社会支配取向与群体间的消极态度间的相关为0.633($p = 0.000$),相关显著。而控制组中,即无威胁情境下,社会支配取向与群体间的消极态度间的相关为0.114($p = 0.652$),无显著相关。这表明,在威胁或无威胁情境下,社会支配取向与群体间的消极态度间的关系发生了变化,在有威胁情境下,两者间的相关变得显著,被试的社会支配取向能够预测其群体间的消极态度水平。

(2)中介模型检验

威胁与群体间的消极态度间的关系:将实验组与控制组的社会支配取向得分

作独立样本 t 检验,差异不显著($t=1.570,p=0.123$)。这表明,有无威胁对被试的群体间的消极态度水平没有产生显著影响。

再分别检验两组中,被试感知到的威胁程度与群体间的消极态度间的关系。在实验组中,即威胁情境下,威胁程度与群体间的消极态度间的相关为 0.279($p=0.150$),相关不显著。在控制组中,即无威胁情境下,威胁程度与群体间的消极态度间的相关为 0.257($p=0.146$),相关也不显著。

威胁与社会支配取向的关系:将实验组与控制组的社会支配取向得分作独立样本 t 检验,差异不显著($t=1.029,p=0.309$)。这表明,有无威胁对被试的社会支配取向水平没有产生显著影响。

再分别检验两组中,被试感知到的威胁程度与社会支配取向间的关系。在实验组中,即威胁情境下,社会支配取向与威胁程度间的相关为 0.233($p=0.232$),相关不显著。控制组中, 即无威胁情境下, 社会支配取向与威胁程度间的相关为 0.104($p=0.098$),相关也不显著。这表明,无论在何种情境下,感知到的威胁程度都与社会支配取向间无显著相关。

如果按照前面的假设,将威胁程度作为自变量,社会支配取向作为中介变量,群体间的消极态度作为因变量,因为威胁程度与社会支配取向、群体间的消极态度间均未出现显著相关,即自变量与中介变量、因变量间均无显著相关,因此中介效应不显著。

综合以上结果来看,可以认为,威胁情境调节了社会支配取向与群体间的消极态度间的关系。因为在有或无威胁情境下,社会支配取向与群体间的消极态度间的关系发生了显著变化,在有威胁的情境下,两者间的相关变得显著,即社会支配取向能够预测群体间的消极态度的水平;而在无威胁的情境下,两者间的相关不显著,即社会支配取向不能预测群体间的消极态度。所以,在以外显群体间的消极态度为因变量时,假设 6 成立。

5.3.4　内隐群体间的消极态度的结果分析

(1)调节模型检验

将威胁、社会支配取向及二者间的交互作用作为自变量,将性别作为协变量,将群体间的消极态度作为因变量,进行回归分析。威胁是分类变量,转换为效应变量,有威胁情境编码为 1,无威胁情境编码为 -1。社会支配取向是连续变量,进行中心化的处理。二者间的交互作用即是二者相乘。性别是分类变量,转换为效应变量,男性编码为 1,女性编码为 -1。结果如表4-9。

表4-9 调节模型检验结果

	标准化回归系数	t 值	p
威胁	0.350	2.717	0.010
社会支配取向	0.421	3.100	0.003
社会支配取向*威胁	0.161	1.197	0.238
性别	0.057	0.431	0.669

结果表明,威胁与社会支配取向的主效应显著,如图4-10。高威胁组中被试的内隐群体间的消极态度水平显著高于低威胁组。而高社会支配取向水平的被试的内隐群体间的消极态度水平显著高于低社会支配取向的被试。社会支配取向与威胁的交互作用不显著。

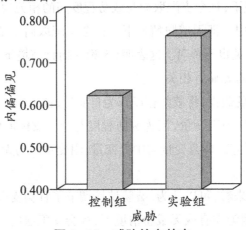

图 4-10　威胁的主效应

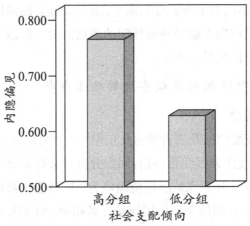

图 4-11　社会支配取向的主效应

按照调节变量的判断标准,必须是自变量与调节变量的交互作用显著,这里威胁与社会支配取向间的交互作用不显著,因此,假设6和7均不成立。

（2）中介分析

因为威胁与社会支配取向无显著相关,所以仍无法进行中介模型的分析。

（3）检验人格模型

因为社会支配取向的主效应显著,进一步分析在不同情境下,社会支配取向对群体间的消极态度的作用。高威胁组中,社会支配取向与群体间的消极态度间的相关为0.607（$p = 0.001$）,低威胁组中,社会支配取向与群体间的消极态度间的相关为0.363（$p = 0.292$）。因此,在高威胁组中,社会支配取向与群体间的消极态度间的相关变得显著。

结果表明,在不同的威胁情境下,社会支配取向与群体间的消极态度间的关系在表现上不同。在高威胁组中,社会支配取向能够预测群体间的消极态度的水平,而在控制组中,则不能预测。但是,威胁与社会支配取向的交互作用不显著,而且两情境下,社会支配取向与群体间的消极态度的相关系数之间,差异也未达到显著水平（$p = 0.334$）,也就是说,两个相关系数间没有显著差异,只是其中一个已达到显著相关,而另一个相关还不显著。考虑到尽管实验组与控制组人数无显著差异（Chi-Square = 2.174, $p = 0.140$）,但控制组中的人数较少,这也许是其相关偏低的原因之一。

尽管两组相关系数在显著性上的表现不一样,但两者的差异并不显著,因此,可以认为本次结果对人格模型H8提供了更多的支持。也就是说,在高威胁或低威胁情境下,社会支配取向对群体间的消极态度的预测作用是相同的。

5.3.5　外显群体间的消极态度与内隐群体间的消极态度的关系

总体上看,外显群体间的消极态度与内隐群体间的消极态度的相关显著相关。进一步分析,在实验组中,外显群体间的消极态度与内隐群体间的消极态度显著相关,但在控制组中,两者的相关不显著。两相关系数间差异显著（$p = 0.05$）。这表明,威胁使得外显群体间的消极态度与内隐群体间的消极态度间的相关显著提高（见表4-10）。

表4-10　内隐与外显群体间的消极态度的相关

因子	总体	实验组	控制组
相关系数	0.296	0.613	0.176
显著性水平	0.046	0.001	0.484

5.4 结果分析

研究三中,使用实验法检验了威胁、社会支配取向与群体间的消极态度间的关系,并且把群体间的消极态度分为外显群体间的消极态度与内隐群体间的消极态度分别进行检验。

对外显群体间的消极态度而言,社会支配取向与威胁间的交互作用显著,这支持了调节模型,即假设6。在威胁情境下,社会支配取向与外显群体间的消极态度间的相关显著,社会支配取向能够预测个体的外显群体间的消极态度水平。

对内隐群体间的消极态度而言,尽管实验组中,社会支配取向与内隐群体间的消极态度相关显著,而控制组中两者相关不显著,但两个相关系数的差异不显著。而且回归分析表明,社会支配取向与威胁间的交互作用不显著。因此,可以认为支持了人格模型,即假设8。在两种情境下,社会支配取向对内隐群体间的消极态度的预测力是不变的。而且威胁情境下的内隐群体间的消极态度水平显著高于控制组的水平。

6 讨 论

6.1 社会支配取向的性质

社会支配取向是否具有跨情境稳定性?本研究试图从两个方面对这个问题作出回答。在研究二中,选取的研究对象是处于真实的教育情境之中的学生,接受专业教育并经历社会化的过程。社会支配理论将一些职业群体进行了社会地位上的划分。群体社会化理论提出人们会随着他们所加入的群体而变化。职业群体便是社会化的一个可能来源。本研究表明,在一年级的学生中,专业与社会支配取向间没有显著相关,两专业中,社会支配取向与群体间的消极态度间的相关也无显著差异。而在三年级,专业与社会支配取向的调节作用显著,工商管理专业的学生中,社会支配取向与群体间的消极态度间的相关更高,这与思想不一致假设一致。在高地位群体中,社会支配取向对群体间的消极态度具有更强的预测力。随着社会化的进行,尽管社会支配取向自身水平并未受到社会地位的显著影响,但其对群体间的消极态度的作用已发生变化,这一方面体现了社会化的过程,另一方面也说明了情境因素对社会支配取向的影响。

在研究三中,实验组被试接受的实验操纵是对其支配的社会地位的威胁,相对于控制组的被试,其社会支配取向对外显群体间的消极态度具有更高的预测力。而两组被试的社会支配取向对内隐群体间的消极态度的预测力是无显著差异的。在 Pratto et al.(2000)的研究里,社会支配取向对内隐群体间的消极态度的预测力是受到了威胁的影响的。但该研究与本研究中的被试感知到的威胁程度不具有可比性。只能说,有可能是被试感知到的威胁程度影响了本次的研究结果。无论如何,情境因素影响到了社会支配取向对外显群体间的消极态度的预测力。

因此,从本研究的结果来看,情境因素影响的是社会支配取向对群体间的消极态度的预测力,而不是社会支配取向自身的水平。也就是说,社会支配取向显示出了一定的跨情境稳定性,而情境因素会对社会支配取向如何起作用产生影响。

这与前述的人格模型是不一致的,因为人格模型认为,社会支配取向本身是跨情境稳定的,而且在不同情境下,对群体间的消极态度的预测力也是稳定的。事实上,Sidanius 和 Pratto(1999)也不认为社会支配取向是符合这种人格模型的。他们去关注社会支配取向并不意味着,所有与群体间的消极态度和群体冲突有关的现象都能单独用个体差异变量来理解或控制。相反,社会支配理论认为,社会支配取向和其他个体差异变量必须放在社会情境中来理解(Pratto et al.,1994)。社会支配理论应被看作是将个体差异变量如社会支配取向,与群体间的消极态度和群体关系的情境分析进行整合的一种理论尝试。本研究就是在中国的现实情境下对社会支配理论的一次检验。

另一方面,有些研究者认为社会支配取向量表所测量到的是态度(Duckitt,2006),因为与态度和价值测量间的相关最强(Duriez & Van Hiel,2002;Heaven & Conners,2001;Saucier,2000),而且对情境操纵有显著反应(Duckitt & Fisher,2003;Guimond et al.,2003)。但本研究中,社会支配取向却表现出了一定的跨情境稳定性,特别是在研究三中,对社会地位的威胁也并未影响到社会支配取向的水平,这或许能说明在某种程度上,社会支配取向量表测量到的可能还是人格维度。也就是支持了 Altemeyer 的观点。

综合以上讨论,本研究认为,社会支配取向量表所测量到的是一种人格维度,具有一定的跨情境稳定性。但社会支配取向对群体间的消极态度的预测力又是受到情境因素影响的,对群体间的消极态度的理解与控制必须从个体差异变量和情境因素两方面来入手。

6.2 关于自我分类理论

自我分类理论也尝试将群体取向的观点和人格取向的观点进行整合(Heaven et al.,2003),而且明确指出这两者将如何整合在一起。该理论认为,人在个人认同水平下,象社会支配取向这样的个体差异变量才会起作用,能用来预测群体间的消极态度,而在社会认同水平下,个体差异变量则不能群体间的消极态度水平。有一些研究者对此有兴趣,已进行了一系列研究来检验在不同认同水平下,社会支配取向这样的个体差异变量是如何发挥作用的。也就是在群体间的消极态度的形成中,是个体变量还是由情境启动的认同水平起到了更重要的作用。有关的研究结果间并不一致。有些研究支持了自我分类理论的假设,它们发现,在个人认同情境下,个体变量与群体间的消极态度相关,在社会认同情境下则无关(Huang et al.,2005)。但有研究发现社会支配取向与群体间的消极态度的相关,不受认同水平的影响,支持了人格模型的假设(heaven,2003)。

本研究的结果与自我分类理论的预测刚好相反,在威胁情境下,被试所在群体受到农民工子女的批评、质疑,启动了被试的社会认同,这时社会支配取向能够预测外显和内隐两种群体间的消极态度,而在无威胁情境下,社会支配取向反而不能预测这两种群体间的消极态度。Pratto 等人(2000)的研究结果与本研究类似,在威胁情境下,社会支配取向才显示出对内隐群体间的消极态度的预测力。Verkuyten 等人(1998)的研究中,也有部分结果不符合自我分类理论的假设。个体差异变量和群体间的消极态度在国家认同的条件下相关。这些结果说明,人格变量对群体间的消极态度的影响可能并不完全象自我分类理论所预测的那样,会简单地随着个体认同水平的改变而产生或消失。

6.3 威胁对群体间的消极态度的作用

此前已有一些理论认为,威胁会引发更高的群体群体间的消极态度,如社会认同理论、挫折——攻击理论、现实群体冲突理论(Bobo,1983)、危机管理理论(Greenberg et al.,1990)等。

本研究中,威胁对外显群体间的消极态度的主效应不显著,而对内隐群体间的消极态度的主效应显著,即在威胁情境下,内隐群体间的消极态度的水平显著升高。这说明,对实验组的被试,尽管其优势的社会地位受到威胁,其所表达的对农民工的外显群体间的消极态度并未发生显著升高,但其内隐群体间的消极态度却发生显著变化。而且,威胁情境下,外显与内隐群体间的消极态度间出现了显著相关,这与 Wittenbrink et al.(1997)的结果类似。考虑到研究中使用的刺激材料是模仿新闻的样式来呈现的,被试会认为材料就是来源于真实的新闻报道,因此,本研究结果说明,媒体报道对大众的群体间的消极态度水平可能会产生较明显的影响,群体间关系的负面新闻可能会使人们在无意识的情况下,对外群体的群体间的消极态度变得更严重。

对社会地位的威胁情境会影响到个体的内隐群体间的消极态度水平,并且会提高个体的外显群体间的消极态度与内隐群体间的消极态度间的相关。这表明群体间的消极态度具有可塑性,它不是固定不变的,会对情境因素敏感。因此,对群体间的消极态度的控制必须考虑认知过程和即时情境的作用。但本研究的结果只能说明情境因素对群体间的消极态度的即时影响,并不清楚这种影响能否在较长的时间内持续,这个问题还需要作进一步的研究。

6.4　对未来研究的启示

6.4.1　关于职业的划分

研究二中,社会支配取向与专业之间没有出现显著相关,即专业并没有对社会支配取向产生影响;而且在一年级中,群体间的消极态度是有差异的,而在三年级中,群体间的消极态度的专业差异反而消失了。这两点似乎都说明,本研究对两专业作的地位划分是值得怀疑的。

按照Pratto等人对职业角色的划分,那些处于社会阶层顶层的群体以及加大阶层的组织,都会拥有相对来说更大份额的财富和权力等社会资源,因此都是属于支配的社会群体。工商管理系的学生所接受的教育,以及他们将来可能从事的工作都与这一类别相符,把他们作为处于支配地位的社会群体在逻辑上讲应该是可行的。同样,社会工作系的学生所接受的教育,以及将来的工作性质都与较低社会地位的群体相一致,因此,在本研究中就将他们作为较低地位的社会群体。而且国外有研究选取法律系和心理系的学生分别作为高/低地位社会群体,并且报告了专业与社会支配取向间的显著相关。

而本研究表明,在三年级中,社会支配取向与专业间的相关已有一定程度的提高,只是还没有提高到显著相关的程度。或许这种趋势说明,社会化的程度还不够,也有可能是当前的形势使得工商管理系的学生也并不认为自己一定会成为一名高级管理者,形成对该群体的认同。

这样的推断是有一定根据的。Li等人在修订社会支配取向量表的中文版时,搜集了企业中的管理者与员工层的社会支配取向水平,发现这两个群体在社会支配取向的总分及第三因子分上差异显著。这表明,在成人样本中,社会地位与社会支配取向间是相关的。而且,他们所提供的管理者的社会支配取向全量表的均分为68.27,高于本次研究中工商管理系学生的社会支配取向的均分54.58。

社会地位与社会支配取向间的相关之所以重要,原因之一是它是中介模型成立的必要条件。这也意味着,在成人样本中进行本研究,结果可能会不同。

6.4.2 关于外显群体间的消极态度与内隐群体间的消极态度间的关系

根据wilson(2000)所提出的双态度模型,外显态度应是更易发生改变的,本研究的结果却发现内隐态度改变了而外显态度未发生变化。这与双态度模型的假设矛盾。Fazio et al.(1995)和Greenwald等人都认为,只存在一种态度,即内隐态度,人们出于自我表现的需要,会对自己的真实态度作掩饰,所以在有意识表达的情况下,有可能测到的并不是被试的真实态度。外显测量方法所测到的群体间的消极态度便是被试有意识地自我报告的结果,因此,出现外显态度与内隐态度的分离是可以理解的。

根据本研究的结果,这种解释似乎在某种程度上是成立的。被试作为城市人中的一员,受到来自农民工子女的批评与质疑,或许是出于保持自身群体形象的考虑,在外显测量上,并未表现出更多的对农民工的敌意与群体间的消极态度,但在内隐测量中,却表现出了更高水平的内隐群体间的消极态度。

但是外显群体间的消极态度的测量结果与社会赞许性量表间又并未出现显著相关,这又是与Fazio的观点相矛盾的。只是Fazio在证明自己观点的时候,对自我表现的需要的测量并不是使用社会赞许性量表。因此,对本次研究结果中出现的内隐态度改变而外显态度不变的情况,还需进一步的研究以作出明确解释。

6.4.3 低威胁启动的作用

在研究一与研究二中,被试均是在无启动的自然情境下完成量表施测的,这时社会支配取向总是能预测外显群体间的消极态度。而在研究三中,控制组的被试是接受了启动操纵的,只是这个启动是描述两群体的成员如何和谐相处,在这种情况下,社会支配取向变得不能预测外显和内隐群体间的消极态度的水平。

接触理论(Worchel et al.,2000)认为,两个群体成员如果能有共同的合作,协力完成一项任务,并且是在平等的基础上进行的,那么群体间的消极态度与歧视便会降低。社会认同理论认为,在平等合作情境下,成员不再是以从前的群体划分来进行认同,而是将两群体合并,形成了更高层次的群体,并对这个高层次群体进行认同,即把原来看作是外群体的人重新划分为内群体成员,因此,原有的群体间的消极态度自然降低甚至消失了。

结合本研究的情况,是否可以认为,对和谐相处的描述也在某种程度上影响了被试的认同水平,这时,被试并不是向原有的社会群体进行认同,而是形成了更高水平的社会认同,使得其社会支配取向不能预测群体间的消极态度的水平。这个假设有待进一步研究的检验。

6.4.4 本研究的其他局限

第一,研究三中的样本偏小。尽管这样可以避免样本过于夸大各变量的效应,但该研究中得到的威胁、社会支配取向与群体间的消极态度间的关系的结论,仍需在未来使用大样本研究作进一步的重复验证。

第二,研究三需要在心理学实验室完成,由于条件限制,大部分被试是多人同时进行实验过程,这对自我报告的外显测量方法也许并不会造成太大影响,但对施测环境要求较高的内隐群体间的消极态度的测量却有可能造成一定的偏差。而且每个被试完成前面量表的速度不一致,较早完成的被试需等待一段时间,才能与其他被试一起接受IAT的施测指导语开始施测,不能肯定这样是否会对启动的效果造成影响。如有可能,希望能在每个被试单独施测的条件下重复该研究。

第三,研究三中的被试均接受了实验刺激的启动,对于外显群体间的消极态度的结果,可以用研究二中的数据作为无启动情况下的参照,以判断变化的趋势。而对于内隐群体间的消极态度,却没有这样的基准作为参照。因为根据7.4.3中的讨论内容来看,并不能确定地说,本研究中的低威胁刺激可以等同于无启动的自然情境,不会对被试造成影响。所以尽管结果发现两组被试的内隐群体间的消极态度有差异,但却不能确定是威胁刺激使实验组内隐群体间的消极态度水平升高,还是低威胁刺激使控制组内隐群体间的消极态度水平下降,抑或是二者兼有。因此,研究三的结果表明,有必要增加一个无启动组作参照。

第五章
社会支配取向对性别群体间的消极态度的影响：性别和性别认同的作用

1 问题提出

1.1 中国女性地位现状

几乎在所有文化中，女性都被限制在低地位的社会角色中（Tavris & Wade，1984）。尽管性别角色发生变化，女性的权力仍比男性少（Diekman，Goodfriend，& Goodwin，2004）。女性在政治上还处于劣势。在世界范围内，女性只占国会议员总数的16%（Karam，2005）。

而中国自1949年以后，在政府的推动下，女性在法律上得到了与男性平等的地位和权利，进入了社会领域，广泛参与了社会劳动生产，有了经济自主权。表面看来，中国女性轻松自然地拥有了西方女性不只一代人的奋斗成果，中国女性能进入的职业范围之广和介入程度之深是其他任何国家的女性都不能比拟的。但两性间不平等的现象仍广泛存在（刘芳，2006）。

也许有人会说，在中国曾有一段时期认为"时代不同了，男女都一样"、"男同志能够做到的，女同志也能做得到"。巾帼不让须眉的铁姑娘、兢兢业业的女劳模曾是举国推崇的楷模。这是不是意味着中国女性的地位很高？事实绝非如此。这场看似男女平等的启蒙运动，实际上是女性忽视自身性别特征，而有意无意地以男性的要求来塑造自己，把自己当作男人，同男人一样在社会上运作。这种平等是"男性化"的"平等"（王政，杜芳琴，1998），实际也是一种不平等。

第一次世界妇女大会上把性别平等界定为："男女的尊严和价值的平等以及男女权利、机会和责任的平等"(周群英，2004)。两性因生理机制的不同，要求男女在各个领域中的绝对平等，必然使竞争处于不公平状态。在男性的体能、技能所适宜的生产行业或专业领域，男性可以有更高的劳动效率，要求女性达到同样的标准是不可能的。这使男性和女性自身共同认可了女性不如男性的事实。在女性的体能和技能具有优长的某些行业或专业领域，如纺织行业等，却不能要求男性达到女性的劳动效率标准，而是以"行业歧视"的观点把这些领域看作是只适合女性做的事情。以片面的社会贡献的尺度和标准看待男女平等，也可以说是改革开放前我国男女不平等的一个特点(杨玉新，2005)。

　　当前我国的男女不平等能从社会分层的角度来看。社会分层的研究主要集中在阶层、性别和民族三个轴向上(沈奕斐，2007)。在中国，种族问题并不特别突出，影响一个人在社会上所处地位及拥有资源的因素主要是阶级和性别。性别系统具有跨文化性，在所有主流文化中，男性总是比女性拥有更多的权力和更高的地位(Levin，2004)。那中国的情况是否也是如此呢？下面我们从收入、权力、就业单位性质以及是否从事受歧视职业这几个方面入手，分析当前中国社会中的男女相对地位。在收入方面，各行业女性工资收入普遍低于男性(王美艳，2006)。在政治权力方面，省(部)级及以上领导干部中，女性仅占8.3%。权力方面，第十届全国人大常委会中，女性的比例仅为13.2%，人大代表中女性也只占20.2%，均远低于男性的比例(马京奎，2004)。在职业方面，根据中国社会科学院研究项目"当代中国社会阶层研究"的调查数据(陆学艺，2002)，当前中国社会存在着明显的性别等级分化现象，表现在各等级性别比例呈不均匀分布：三个最具优势地位的等级(控制着组织资源的国家与社会管理者、控制着经济资源的私营企业主以及拥有较多文化资源、经济资源和组织资源的经理人员)均以男性为主(男性约占3/4)；中产等级(专业技术人员和办事人员)男女分布较平均，但其上层(较高等级的专业技术人员)中男性比例较高，而中下层(较低等级专业技术人员和办事人员)女性比例较高。在科技工作者中，女性仅占1/3，院士、所长的比例更低。男性获取经济资源或政治资源的机会明显大于女性，男性比女性拥有更多的经济资源和政治资源，而且，越是重要的资源性别差异就越明显(周玉，2009)。

　　上述内容所涉及的主要是劳动生产中女性所面临的问题，而在另一方面，家庭会通过劳动生产、生育、性和教养孩子四种形式使女性处于被压迫的地位(米切尔，1971)。我国社会中传统的价值形态和道德观念仍根深蒂固，这使得女性在家庭中需承担较多的家务。有一项数据很耐人寻味。2000年，85%以上的家庭做饭、洗碗、洗衣、打扫卫生等日常家务劳动都是由妻子承担。女性平均每天用于家务劳动的时间比男性多2个多小时。同1990年相比,两性家务劳动时间的差距仅缩短了6分钟。女性从事家务劳动时间远多于男性(马京奎,2004)。虽然已婚女性同时承担着社会工作和家务,但由于传统观念的影响,她们感知到的更多的是"工作干扰家庭",而不是"家庭干扰工作"或者"工作家庭相互干扰"(李霞,2007)。因此仅解放劳动生产这一个方面是不够的。米切尔的观点对反思中国女性解放道路的曲折性、复杂性不无裨益。

根深蒂固的传统价值形态和道德观念还会在其他方面表现出来。《女性的奥秘》(弗里丹,1963/2005)一书中特别强调了大众传媒尤其是女性杂志对制造、散布女性神话的重要性。大众传媒会再现现实中的性别不平等。女性及女性议题在新闻中被报道的次数非常少,即使有女性出现,也多是与家庭生活、儿童养育、对女性的暴力等内容有关,而与国家发展、政府决策等被主流社会认可的有价值的事件无关。男性出现在各类媒体节目中,主要角色是科教文卫人士或领导者。而女性大多是浪漫剧或肥皂剧的主角或家庭主妇。特别是在广告中,女性充当的角色更是单一:服装美容、家庭用品、食品饮料的消费者。大众传媒对女性的呈现表现出明显的性别角色类型化:消费主义+传统女性美德+性感。今天的女性获得了打扮化妆自我表现的自由,但同时也比历史上任何时代更有可能成为男人的附属品和玩物(刘芳,2006)。

20世纪80年代以后,利益分化和利益矛盾日益激烈化。失业和就业成为影响个人生活和社会秩序稳定的不可忽视的社会问题。为了解决就业问题,社会上出现了呼吁女性重返家庭的思潮(那瑛,2009)。于是"让女性回家"之声不绝于耳。郑也夫(1994)认为,女性广泛就业导致一部分男性被赶回家,使中国失去了"男子汉"。孙立平(1994)也提出,以减少妇女就业的方式来解决中国劳动力过剩的问题是一种代价最小,也是最可行的一种办法。

另外,我国出生人口性别比的严重失衡也能折射出女性在人们心目中较为低下的社会地位。在重男轻女、传宗接代、养儿防老的传统生育文化影响下,女胎则可能面临人工流产的厄运。国家统计局公布的数据显示,2009年我国出生人口性别比为119.45,到2020年,中国处于婚龄的男性人数将比女性多出2400万(李晓宏,2010)。

对中国女性以上种种的生存困境,姜云飞(2004)有一个精当的比喻——失笼的囚徒。中国女性表面看来是令人羡慕的平等解放,实际上却仍处于意识深处以及种种社会现实的缺憾造成的重重围困和束缚之中。

1.2　女性对自身群体的态度

性别系统具有跨文化性,在所有主流文化中,男性总是比女性拥有更多的权力和更高的地位(Levin,2004)。女性总是处于较低的社会地位,我国女性也是如此。作为低地位群体,女性对自身性别及性别群体的看法是怎样的? 她们会甘于低地位现状,还是希望通过自我提升而与男性在能力、地位上相抗衡?

首先,研究发现人们对女性在能力评价上低于男性。不论男女都倾向于认为男性是有能力的、独立的、成就取向的,而女性是热情的、依赖的、关系取向的(Langford & MacKinnon,2000)。这意味着女性自身对性别刻板印象的接受程度很高,觉得自己在能力方面不如男性,通过社会竞争而获得成功并不适合女性。

其次,那些追求事业和已经拥有成功事业的女性会受到社会的排斥。中国传统社会中对女性的要求是女子无才便是德。时至今日,这种深植于社会中的父权意识并未受到根本触及(刘芳,2006)。不仅一些男性对成功的职业女性会望而却步,女性自己也会对追求事业成功望而却步。包括女性在内,都会认为身居高位的女性管理者缺乏“女人味”、野心勃勃、攻击性强、不顾家庭、忽视孩子等等。一些性别刻板印象诸如“职场成功的女性男性化”,“不是贤妻良母的女人不是好女人”,“男性成功在事业,女性成功在家庭”等等,似乎从来没有放弃对成功职业女性的偏见和压制(徐改,2008)。

来自于心理学研究的结果与上述现象一致。人们头脑中会将女性分为不同的类型,如职业女性、家庭女性等,对不同类型女性的看法也存在着差异。Eckes(2002)让被试对各种女性子群体在热情和能力维度上进行评价,发现不论男性还是女性被试,都认为在各种女性子群体中,职业女性的能力水平最高,热情水平最低;家庭女性则相反,能力水平最低,热情水平最高。这种研究结果能够很好地代表人们通常所认为的女强人形象。女强人们往往想要取得社会的认可、获得晋升,因此不断提升自身能力是其唯一的选择。自我提升会增加她们的胜任感,产生更高的能力评价,但同时会影响其社会吸引力,使她们受到社会拒绝。相对于成功男性,成功女性会更加不被人们喜欢,受到更多贬损,Heilman 等人(2008)称之为惩罚成功(penalties for success)。那些自我提升的女性,由于做出了与女性刻板印象相违背的行为,受到来自女性自身的拒绝程度甚至比男性更高(Rudman,1998)。

事实上,人们对于高能力女性的偏见不仅会使她们失去“女人味”,而且她们的职业道路也会受阻。有能力的女性要想获得职业成功是相当困难的。尽管人们认为她们的能力水平较其他女性高,但仍然更偏好男性领导。男性更可能被认为是专家和领导者(Eagly & Karau,1991)。1996 年的 Gallup 调查显示,大部分人喜欢男老板而不是女老板(Gallup,1996),而且,女性更可能表达这种偏好(Rudman & Kilianski,2000)。这说明,包括女性在内,都会更加认可一个男性领导。如果女性处在一个符合男性刻板印象的工作岗位上,比如领导岗位,她可能会被周围人轻视。

拥有并表现出高能力的女性,本是有利于提高女性地位、能为女性争取到更多权利的人,因为她们能让世人看到女性同样能为社会做出贡献,而不是只适合于家庭。但是,上述种种现象和研究结果都表明,就算是在女性内部,对诸如事业成功的女性以及女博士等在事业和学业方面表现出一定能力的女性,也持有相当负面的印象及态度,其程度甚至比男性更高。

或许人们会认为,随着社会经济水平的发展和人们受教育水平的不断提高,上述现象会逐渐发生改变,对女性的看法会变得更加客观。然而事实果真如此?

有研究发现,尽管自 20 世纪 80 年代起,中国的城市化进程加快,高校的扩招、终身教育的普及和经济的迅速发展使社会成员的受教育程度提升、收入显著增加,但传统的性别角色意识不仅未见衰落甚至出现更加定型化态势,两性社会和家庭角色选择的自由度也未随之相应递增。

徐安琪(2010)对上海和兰州城乡 2200 个家庭样本的抽样调查结果显示,对"男人挣钱养家、女人照料家庭对每个人都是很好的安排"作判断时,持基本肯定态度的人数比例(50%)多于持否定态度者(35%)。也就是说,仍然有一半人认同男主外、女主内的传统性别分工模式。此类研究在之前也有开展。2000 年第二期妇女社会地位调查结果表明,上海 20-64 岁女性不认同"男人以社会为主,女人以家庭为主"观点的高达 60%,显著多于持传统性别角色观念者。而此次研究中 20-64 岁女性仅有 47% 不认同"即使妻子有工作,主要的养家/经济责任仍应由丈夫承担,主要的家庭照料责任应由妻子承担"。可以看到,相隔 10 年之后,被访者的性别角色态度不仅没有趋向平等,反而呈现出刻板化的趋势。

综上所述,我们不难看出,不论是在我国还是在国外,女性不仅处于较低的社会地位,而且至少对于相当一部分女性而言,是非常接受这样的性别地位差异的。在她们的头脑中就是认为,女性的能力不及男性,应依照传统的性别模式来处理工作与家庭事务。她们不仅自己甘于这种较低的社会地位,而且对那些有较强事业心、渴望事业成功的女性,也持有相当负面的态度。相应地,她们对于男性的能力较为认可,并且认为男性应该处于较高的社会地位。对于这样的现象,我们该如何理解?

2　文献综述与理论框架

这一部分将首先介绍与性别偏见有关的内容，包括性别偏见的定义、女性中的性别偏见现象以及已有的对性别偏见进行解释的研究，分析这些已有研究中存在的问题，并且针对这些问题展开本研究。此后将引入本研究所涉及的另外两个主要变量：社会支配取向和性别认同。通过对社会支配取向概念的分析，了解它为何在两性中对性别消极态度有着不同的解释力；然后再对性别认同进行说明，分析它作为社会支配取向对性别消极态度作用的调节变量的可能性。最后将对本研究的理论框架和研究过程进行说明。

2.1　性别消极态度

2.1.1　性别消极态度的含义

在谈到性别消极态度之前，我们首先需要了解什么是群体间消极态度。研究者们对于消极态度的定义有很多。Allport(1954)对偏见的定义较有影响力，他认为偏见是基于错误的和僵化的泛化过程而形成的反感。在这个定义中的偏见基本上指的是种族偏见。此外，偏见还常被定义为对某类人的消极态度，或者是对某个群体中的成员的错误的或不公正的消极判断(Brown,2010)。这些偏见定义的表述虽然不同，但基本的含义是一致的，即偏见是对某群体中的成员所持有的消极的认知、情感和行为倾向。

那么性别消极态度是否也是如此呢？的确，在人们对女性的刻板印象中，有着前文中已提到的对女性不利的诸多方面，比如女性在能力上不如男性。但是我们也不难发现，人们往往会赋予女性一些积极特征。女性往往被看作是热情的、友好的、富有同情心的(Eagly & Mladinic,1989,1993)。这样看来，在人们对女性的刻板印象中，有相当大的一部分似乎是对女性较为积极的、甚至带着恭维的评价和看法(Lee et al.,2010)。那么，这一点是不是和对女性的消极态度之间存在矛盾呢？

这两种看似对女性截然相反的看法，事实上对女性起到了同样的消极作用。尽管人们认为女性的确拥有上述积极的品质，但这些信念实际上会削弱人们对她们能力的感知(Langford & MacKinnon,2000)。而且我们可以试想，如果女性都具有热情、友好、富有同情心的特点,那么她们必定不适合参与到激烈的社会竞争中去,那些都是男性的事,女性应该在男性的保护之下,回到家庭中,让这些优秀特质得到很好地发挥。这样势必会限制女性在社会上的发展。因此,女性刻板印象中的积极特征也会对女性造成消极影响。

根据此种对性别消极态度的认识,Glick 和 Fiske(1996)提出了矛盾性别消极态度理论。该理论认为,性别消极态度是一个双维的建构,包括两个态度集:敌意性别偏见(hostile sexism,HS)和善意性别偏见(benevolent sexism,BS)。一方面,在经济、政治和社会机构中男性处于支配地位,女性被认为在能力上不如男性。这个关系形成了敌意性别偏见,即一种出于对女性敌对情感的性别偏见。它主要指向那些违背传统性别角色定位的非传统女性,如职业女性、女同性恋者、女权主义者等。另一方面,男女之间又是相互依赖的,女性被认为是需要保护的。这个关系产生了善意性别偏见,即一种主观上出于爱护女性的正面情感。它往往指向恪守传统性别角色的女性,如家庭主妇(Glick et al.,1997)。

敌意性别偏见和直白的(blatant)性别偏见之间有中等强度相关(Swim,Aikin,Hall,& Hunter,1995)。而直白的性别偏见是一种以明显的不公平不平等的方式来对待女性的偏见形式。敌意性别偏见与直白的性别偏见之间的相关表明,敌意性别偏见可以看作是一种直白的性别偏见,即一种对女性的消极态度。这和人们对偏见的一般理解相一致,因此敌意性别偏见是较为容易被认识到的。比如,人们对于追求事业的女性和成功女性往往会给予负面的评价,会认为身居高位的女性管理者缺乏"女人味"、野心勃勃、攻击性强、不顾家庭、忽视孩子等等(徐改,2008)。这些刻板印象和评价都是敌意性别偏见在社会现实中的表现。

而善意性别偏见不太像是一般意义上的偏见。它表现出的往往是为女性提供帮助等亲社会行为,而不是对女性的消极态度。善意性别偏见所测量的态度与中世纪骑士精神的思想较为接近,根植于男女间的个人关系。所以人们常常不把它看作是偏见(Barreto & Ellemers,2005),而且那些表现出善意性别偏见的人,还会获得较高的评价,比如被认为是一个浪漫的人(Kilianski & Rudman,1998)。

但有研究表明,善意性别偏见同样会对女性产生消极影响,它会使女性完成任务的成绩变差(Dardenne et al.,2007)。善意性别偏见所传递出的仍然是传统的性别刻板印象和男性的支配地位,男性是给予者,女性是依附者。因此尽管善意性别偏见表面上对女性是善意的,易让人接受的,但它与敌意性别偏见有共同的特点,那就是认为女性是更弱的性别,只适合家庭角色。如果认可了女性是需要保护的更弱的性别,那么就会认为男尊女卑的性别等级是合理的。不管这两种性别偏见在表现上有多么不同,但是其最终的作用都是将女性限制在较低的社会地位,使现存的性别等级系统得以延续。因此,将性别偏见仅仅看作是一种消极态度是较片面的。性别偏见包括了敌意性别偏见和善意性别偏见两个态度集。这种对性别偏见的认识更为深刻,它从人们的日常生活经验的表象中看到了更深层次的内容。

敌意性别偏见和善意性别偏见分别针对不同的女性。对于恪守性别角色规范的女性,将会受到善意性别偏见的奖励;而对于不愿服从性别角色规范的女性,会受到敌意性别偏见的惩罚。也就是说,男性既提供了威胁(敌意性别偏见),又提供了威胁的解决方法(善意性别偏见)。女性有两种选择,一是拒绝善意性别偏见而面对敌意性别偏见,也就是走出家庭,争取事业上的成功,而这可能会招致他人的敌意;或者接受善意性别偏见以避免敌意性别偏见,也就是像千百年来传统女性所做的那样,留在家庭中接受男性的庇护,从而避免遭到其他人的排斥。

那么,什么是真正性别平等呢? 可以说,答案一定不是让女性从家庭中解放出来这么简单。Glick 等人(2000)认为,在平等的男女关系中,女性不必依赖男性获得资源,能够自由地拒绝敌意性别偏见和善意性别偏见,而且在拒绝之后,不会引发他人的敌意。也就是说,在平等的男女关系中,男性和女性能够较为平等地获取资源,而且女性能够自主地选择其人生道路。即使她们选择拥有自己的事业并且取得了成功,也不会招致他人的敌意性别偏见。这与李银河(1994)的观点类似,她认为女人回家不回家(或说就业不就业)应当由她们自己决定,这是女性的基本人权之一。女性应该有选择权,而且她们不应为自己的选择而承担更多的压力。推而广之,对于每一个个体,无论是男性还是女性,都可以追求事业的成功,也可以选择回归家庭,人们不会以传统性别规范作为其行为的衡量标准。

2.1.2　女性中的性别偏见

尽管善意性别偏见和敌意性别偏见在开始时只被看作是男性对女性的态度,而现在的很多研究是从女性的角度来考查性别偏见的(Becker,2010;Fowers & Fowers,2010)。性别偏见不仅是两性间的态度,也是女性对自身群体的态度(Lee et al.,2010)。研究者们发现,尽管女性是性别歧视的对象,但是女性也和男性一样会认可性别偏见(Barreto & Ellemers,2005;Kilianski & Rudman,1998;Swim,Mallett,Russo-Devosa,& Stangor,2005)。在女性中常常表现出对性别不平等的默许和支持(Jost,Banaji,& Nosek,2004)。

敌意性别偏见和善意性别偏见在各种文化中都是广泛存在的,而且这两种性别偏见是互补的,凡认可敌意性别偏见的国家,也认可善意性别偏见。Glick 等人的(2000)研究显示,在性别偏见水平较高的国家里,女性比男性更认可善意性别偏见。也就是说,善意性别偏见会受到女性的欢迎,女性比男性更加认为自己是弱者,应该得到男人的保护。这和我们在生活中所感受到的是一致的。对于那些愿意为女性提供保护和帮助的男性,常会被认为是具有绅士风度的、有男人味的人,会得到女性的青睐。

另一方面,在女性中对性别偏见的态度也有变异:尽管有大量女性认可性别偏见信念,否认性别不平等或为之辩护,而另外一些女性却反对性别偏见,投身到改变现状的行动中(Foster & Matheson,1998;Liss et al.,2004)。因此,不仅男性对女性持有性别偏见,女性有可能也对自身持有性别偏见。

2.1.3 对女性中的性别偏见的解释

女性会对自身持有偏见态度,那女性为什么会对自身群体持有性别偏见? 而哪些因素又会影响女性对自身群体的性别偏见的程度? 这些是本研究所关注的问题。事实上,有大量针对偏见的理论和研究,这其中有很大一部分是针对种族偏见的(Duckitt,1992)。正如 Glick 和 Fiske(1996)所说,性别偏见与种族偏见是不同的。种族偏见可以看作是一种反感或憎恶,而性别偏见是一个双维的态度集。因此,性别偏见的成因可能也有别于其他偏见。在 Glick 等人(1996)对性别偏见的理论分析中,对于这两种性别偏见的成因,主要关注的是文化和社会结构方面的因素。这种理论分析在很大程度上忽视了个体差异因素的作用(Sibley et al.,2007)。

已有一些研究考查了个体差异变量对性别偏见的作用。Burn 和 Busso(2005)使用虔诚(religiosity)这个个体差异变量来解释性别偏见。另外一些研究则使用权威主义人格和社会支配取向来解释性别偏见(Christopher & Mull, 2006; Ekehammar, Akrami, Gylje, & Zakrisson,2004;Sibley,Robertson, & Wilson,2006)等。这些研究和传统的偏见的人格取向的研究类似。Sibley 等人(2007)对用权威主义人格和社会支配取向来解释性别偏见的研究进行了整理,做了元分析,发现对于男性而言,敌意性别偏见是受社会支配取向影响的,而善意性别偏见是受权威主义人格影响的。而对于女性,两种性别偏见和这两个人格变量之间的相关没有显现出男性中那样清晰的关系,而且在女性中,这两个人格变量对性别偏见的解释力也比在男性中的解释力弱。

2.1.4　已有的对性别偏见进行解释的研究中存在的问题

总体上讲,这些研究中存在三个问题。一是很少有研究针对女性的性别偏见进行解释。在已有研究中,研究对象往往是既包括男性又包括女性,分析数据时没有区分性别,做出解释时也没有区分性别（Burn & Busso, 2005; Christopher & Mull, 2006）,也有研究是只针对男性进行分析和解释（Sibley et al., 2007）。如果在解释性别偏见时,不区分男性和女性,那么就可以认为这里隐含了一个假设,就是对于男性和女性,性别偏见的影响因素是相同的。但是性别偏见对于男性和女性的意义是不同的。男性是性别偏见的施予者,而女性一方面是性别偏见的对象和受害者,另一方面又是性别偏见的认可者,甚至施予者（Becker & Wagner, 2009）。男性所抱持的性别偏见,可以看作是外群体偏见。对女性而言,她们所抱持的性别偏见在一定程度上是对自身群体的态度和偏见。所以,对男性和女性的性别偏见的解释变量可能会略有不同（Sibley et al., 2007）。因此,专门针对女性中的性别偏见进行研究是十分必要而有价值的。

二是这些研究忽视了性别认同的作用。正因为女性既是性别偏见的受害者,又是性别偏见的施予者,所以对女性中的性别偏见的解释可能还需要考虑性别认同的作用（Becker & Wagner, 2009）。以前的研究主要关注的是相对稳定的人格个体差异,对性别认同的作用关注较少。显然社会认同在解释偏见时也是一个非常重要的变量。

第三,Huddy（2004）认为个体和群体水平的变量之间是如何交互的也是一个需要考虑的问题。社会支配取向是个体水平的变量,性别认同是群体水平的变量。这两者有可能在解释偏见时会有交互作用出现。

这三个问题是本研究所关注的内容,下面将从对社会支配取向的概念分析入手,了解它为何在两性中对性别偏见有着不同的解释力,然后再引入社会认同,分析它作为社会支配取向的作用的调节变量的可能性。

2.2　社会认同

上述研究围绕社会支配取向的内涵展开,表明社会支配取向可能在不同的情境下表达了不同的动机,合法性就是一个能起到这种作用的调节变量。本研究想找到另外的调节变量,来进一步检验社会支配取向起作用的机制。本研究提出,除了前述研究提出的个体对群际关系实质的看法和信念之外,个体对内群体的看法和认识可能也会调节社会支配取向对偏见的作用。

具体到性别偏见领域,本研究希望通过探讨社会支配取向与性别认同之间相互作用的可能性,来对女性中的性别偏见现象做出解释。性别认同是一种社会认同。社会认同在以前的研究中多是强调认同强度这个方面,而对于认同内容则很少涉及,但是,至少在性别这个领域中,认同内容是很重要的。因此,有必要对性别认同强度和性别认同内容分别进行分析。

2.2.1　性别认同强度的影响

(1)社会认同

Tajfel(1978)认为社会认同最初源于群体成员身份,并将社会认同定义为个体认识到他(或她)属于特定的社会群体,同时也认识到作为群体成员带给他的情感和价值意义。个体通过社会分类,对自己的群体产生认同。而且社会认同理论假设,人们有建立积极的社会认同的需要,不论是人际行为还是群际行为,都是由自我激励这一基本需要激发的。通过社会比较,个体能获得积极的社会认同,即群体成员通过对自身群体做出相对于外群体的更好的评价,来实现对自身群体的积极区分(Abrams & Hogg,1988)。

按该理论的观点,内群体偏好源于个体对内群体认同程度的不同,对内群体认同水平越高,就越希望对内群体做积极区分。但是,以前的研究并没有发现认同和偏见间的强的正相关(Brewer & Brown,1998;Hinkle & Brown,1990),这说明社会认同作为自变量,对偏见的主效应并没有获得研究的广泛支持。

认同强度是指个体认同所属群体的程度,它代表着个体提升内群体利益的期望(Becker & Wagner,2009)。那么,社会支配取向和群际偏好间的关系就可能会受到认同强度的影响。

有研究显示,社会认同强度可能会调节社会支配取向与偏见间的关系。Levin(1992)发现,低地位群体成员如果具有较低的内群体认同且社会支配取向水平较高时,会表现出最强的外群体偏好。Sidanius等人(1994)发现内群体认同与社会支配取向有交互作用,拥有较高内群体认同和较高社会支配取向的个体会表现出最强的内群体偏好。

之所以会如此,可能是因为认同强度会影响个体是否接受现存等级系统。当认同强度较高时,每个群体都倾向于维护自身的利益,而当认同强度较低时,无论高地位群体还是低地位群体成员都会倾向于接受现存等级。那么,这就意味着在高地位群体里面,会总是表现出内群体偏好,而在低地位群体中,随着认同强度的升高,会由外群体偏好变为内群体偏好。

更进一步说,认同强度较低时,产生的是一种系统公正模式,和反对平等动机一致,所有群体的成员都支持现状,这时低地位群体成员会对自身有较强的偏见。而当认同强度较高时,产生的是一种群体公正模式,和以群体为基础的支配动机一致,各群体都追求自身的利益,都表现出内群体偏好,这时低地位群体成员对自身偏见程度会较小。如果是这样,认同强度就会影响社会支配取向和偏见的相关。

(2)性别认同强度

参照 Tajfel(1978)对社会认同的定义,本研究把性别认同定义为个体认识到他(或她)属于特定的性别类别,同时也认识到身为男性(或女性)带给他(或她)的情感和价值意义。那么,性别认同强度就是个体认同自身所属的性别类别的程度。

男性处于较高的社会地位,女性处于较低的社会地位。当认同强度较高时,男性和女性都会为自身争取更多利益,这和以群体为基础的支配一致;当认同强度较低时,则会倾向于接受等级现状,这和反对平等一致。那么无论认同强度高低,男性总是会表现出对男性的偏好,而对女性而言,随着认同强度的提高,会由外群体偏好变为内群体偏好。

也就是说,两种动机对男性的性别偏见会产生方向一致的影响,无论性别认同强度高低,社会支配取向都会和性别偏见正相关。而对女性,两种动机对其性别偏见会产生方向相反的影响,当性别认同强度较低时,社会支配取向与性别偏见正相关,当性别认同强度较高时,社会支配取向与性别偏见无关或负相关。

图5-1　在女性中,性别认同强度对社会支配取向和性别偏见之间的关系的调节作用

2.2.2　性别认同内容的影响

在女性中,除了性别认同强度会影响社会支配取向与性别偏见之间的关系之外,还有一个因素也可能会起到类似的作用,那就是性别认同内容,即女性如何定义女性群体。

在围绕社会认同进行的研究中,常常关注的是认同的强度。Reicher和Hopkins

（2001）指出，试图在内群体认同和外群体态度之间建立起一般关系，是社会认同理论在错误的地方寻找一般性的一个例子。它忽视了社会认同的思想特征。与此一致的是，认同强度并不是一致地与内群体偏好相关（Brown & Zagefka, 2005），Hinkle 和 Brown（1990）发现认同和内群体偏好间的相关为 0。这从某种程度上也恰恰说明，仅考虑社会认同的强度还不足以理解态度和行为（Becker & Wagner, 2009）。

事实上，Allport（1954）已经认识到认同内容的重要性，他曾以国家认同为例对此进行说明。如果两个人具有相同的国家认同强度，但相比较而言，其中一个人的认同内容更具包容性和差异性，那么，这个人的偏见水平就会比另一个人低。也就是说，除认同强度之外，还应考虑认同内容这个重要因素的影响。

在群际态度和行为中，认同强度和认同内容各自发挥着不同的作用。社会认同来自于群体对自我的主观重要性（Luhtanen & Crocker, 1992）以及与该群体相联系的价值和情感重要性（Tajfel, 1978），代表着个体对群体的主观从属感，它能驱使个体为了内群体利益而行动，而行动的具体方向则依赖于内群体规范。因此，社会认同过程不能脱离认同内容（Pehrson, Brown, & Zagefka, 2009）。

已有研究表明，国家认同和偏见间的关系是受到认同内容的调节的，即取决于对本质主义的国家定义的认可程度。按照 Ashmore 等人（2004）的看法，本质主义是社会认同的思想维度，可以看作是认同内容的一种。对国家进行本质主义定义意味着把国家看作是有着共同祖先的人们的表征，那么包括移民在内的不是源于共同祖先的群体，即使拥有同样的国籍，也会被排除在国家定义之外。结果也表明，国家认同与对移民的偏见之间的相关，只出现在那些认可本质主义国家定义的个体身上，而那些拒绝这个概念的个体，国家认同和与对移民的偏见无关（Pehrson, Brown, & Zagefka, 2009）。

以上研究是关于认同内容对认同强度与群体态度和行为间的关系的调节作用的，说明了考察认同内容的必要性。本研究提出的假设是，性别认同内容会调节社会支配取向的两种动机的表达。首先需要说明的是具体有哪些性别认同内容。Becker 和 Wagner（2009）认为，性别认同内容的最重要的来源是性别角色偏好。有些女性内化了传统的性别角色，另一些偏好更现代的性别角色。也就是说，对女性而言，有现代或传统这两种不同的内群体定义，即认同内容。内化了现代性别角色的女性，会把现代的价值，如女性应独立、拥有自己的职业、参政、与男性共同承担家务和养育子女等，与内群体相联系。她们会反对对于女性特质的传统定义，认为这只会使女性继续处于从属地位。而这种相对于男性而言较低的社会地位，正是她们希望改变的。相反，内化了传统性别角色的女性会将传统的价值,如女性应在家里、承担家务、养育子女等与内群体相联系。她们更偏好照顾家庭,而不是追求事业。而且传统女性会为男尊女卑的社会系统辩护(Jost & Banaji,1994)。

认同内容会对 SDO 表达哪种动机产生影响。一个内化了传统性别角色的女性,会认为现存的男女不平等的等级系统是合法的,是可以接受的,这和反对平等动机一致。而一个内化了现代性别角色的女性,则会认为男女不平等是不应该的,会倾向于为女性自身争取更多的利益,这和以群体为基础的支配动机一致。

而两种动机对女性中对男性的偏好产生相反方向的影响,反对平等动机会使得女性更加认可性别偏见,这时 SDO 和性别偏见之间正相关;而以群体为基础的支配动机则有可能使女性产生内群体偏好,这时 SDO 与性别偏见之间无关或负相关。

综上所述,可以认为,认同内容会影响 SDO 和性别偏见之间的关系。如果女性内化了传统性别角色,社会支配取向和性别偏见之间会是正相关的关系;而如果女性内化了现代性别角色,社会支配取向与性别偏见间可能是无关或负相关。

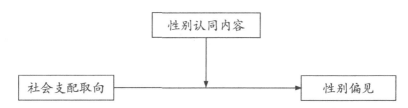

图 5-2　性别认同内容对社会支配取向和性别偏见之间的关系的调节作用

2.2.3　性别认同强度和性别认同内容对社会支配取向与性别偏见之间关系的共同影响

如前所述,性别认同强度和性别认同内容各自发挥着不同的作用。性别认同强度能驱使女性为了女性群体的利益而行动,而行动的具体方向则依赖于其所认可的性别角色规范。那么,性别认同强度和性别认同内容可能会同时对社会支配取向与性别偏见之间的关系产生影响。

对于一个高认同于女性群体并且其内化了现代性别角色的女性而言,她会因其认同现代的性别角色而希望男女地位变得更加平等,同时也会因其认同强度较高而使这种期望程度也较强。因此,SDO 在这类女性中最有可能表达以群体为基础的支配动机。

对于一个低认同于女性群体并且其内化了传统的性别角色的女性而言,她会因其认同传统的性别角色而认可现存的性别等级系统,同时也会因其认同强度较低而更不太关注自身群体的利益。因此,SDO 在这类女性中最有可能表达反对平等动机。如表 5-1 所示。

表 5-1 性别认同强度和性别认同内容对社会支配取向
与性别偏见间关系的共同影响

	传统性别认同	现代性别认同
高性别认同强度		社会支配取向与性别偏见间无关或有负相关
低性别认同强度	社会支配取向与性别偏见间有最强的正相关	

2.3 研究框架

2.3.1 理论模型

本研究的主要目的是对女性中的性别偏见现象进行解释。首先,将检验在女性中,考察社会支配取向对性别偏见的解释力是否比男性中弱。为了对女性中的性别偏见更好地进行解释,本研究将探讨社会支配取向与性别认同强度和性别认同内容之间的交互作用。本研究的理论模型如下:

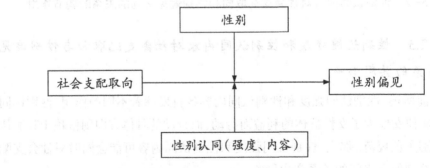

图 5-3 本研究的理论模型

如图 5-3 所示,本研究预期,社会支配取向能够对性别偏见产生影响,而且该作用会受到其他两个因素的调节。一是性别因素,在男性和女性中,社会支配取向对性别偏见的作用可能存在差异。二是性别认同,包括性别认同强度和性别认同内容两方面。性别认同强度和性别认同内容都可能影响社会支配取向对性别偏见的作用,两者还可能对社会支配取向与性别偏见间的关系产生共同影响。

2.3.2　研究的结构

整个研究由四个子研究组成。首先,研究一关注社会支配取向对性别偏见的作用是否会受到两性地位的影响,即社会支配取向对性别偏见的解释力在男性和女性中是不同的。在检验了这个基本的思想不对称现象之后,后面的三个研究再进一步对此进行解释。研究二关注性别认同强度对社会支配取向与性别偏见间关系的影响。研究三关注女性性别认同内容对社会支配取向与性别偏见间关系的影响。最后,在研究二和研究三的基础上,研究四进一步检验女性性别认同强度和性别认同内容对社会支配取向与性别偏见间关系的共同影响。

3　研究一:社会支配取向对性别偏见的影响: 性别的不对称效应

3.1　研究目的与研究假设

如 2.2.2 所述,社会支配理论从理论层面导出的假设和实际研究中出现的结果之间存在不一致。社会支配取向是对不平等的群体关系的一般期望,不管这意味着内群体支配还是内群体从属(Sidanius et al.,2001)。按照这种定义,不管个体所属群体地位是高还是低,只要其社会支配取向的水平较高,就会更加认可偏见。而在实际研究中,社会支配取向与偏见之间的相关在高地位群体中较强,这也被称为思想不对称效应(Sidanius et al.,2004)。

在性别领域,尚未见到专门针对思想不对称效应而进行的研究。对本研究而言,首先需要检验在性别领域是否存在思想不对称效应。在存在思想不对称效应的前提下,才有可能开展后续的研究,来解释为何会存在思想不对称效应,社会支配取向为什么会在女性中对性别偏见的解释力较弱。

男性总是处于较高的社会地位,女性则处于较低的社会地位。如果有思想不对称效应存在,那么,在男性中,社会支配取向与性别偏见之间的相关就会比较高,而在女性中社会支配取向与性别偏见之间的相关则较弱。另外,人们对男女的社会地位的感知也是需要考查的。

综上所述,本研究假设,性别能调节社会支配取向与性别偏见之间的关系。在男性中,社会支配取向与性别偏见间有较强的正相关;在女性中,社会支配取向与性别偏见无关。

3.2 研究方法

3.2.1 研究对象

本研究以北京、武汉、牡丹江、中山的四所高校的 452 名在校大学生以及 48 名成人在职研究生班的学生,共 500 人为研究对象。男性 238 人,女性 262 人。

3.2.2 研究程序

被试自愿参与本研究。为提高被试作答的真实性,我们在问卷指导语中指出,调查数据纯属科学研究之用,调查结果将严格保密,并且整个过程是匿名的。

3.2.3 研究工具

(1)社会支配取向量表:采用 Sidanius 和 Pratto(1999)编制的社会支配取向量表,共有 16 个项目。具体项目如"优势群体应当支配下层群体","群体平等应该成为我们的理想"。采用 7 点计分,分数越高表明社会支配取向越强,详见附录一。本次研究的内部一致性信度为 0.73。

(2)善意性别偏见量表:采用 Glick 和 Fiske(1996)编制的善意性别偏见量表(Benevolent Sexism,BS)。共有 11 个项目,如"男性应该乐意牺牲自己的幸福来为女性提供生活开支"(BS)。采用 7 点量表计分,分值越高,表明性别偏见的程度越强,详见附录六。本次研究的内部一致性信度为 0.70。

(3)敌意性别偏见量表:采用 Glick 和 Fiske(1996)编制的敌意性别偏见量表(Hostile Sexism,HS)。共 11 个项目,具体项目如"女性通过控制男人来获得权力"。采用 7 点量表计分,分值越高,表明敌意性别偏见的程度越强,详见附录五。本次研究的内部一致性信度为 0.69。

(4)性别社会地位感知:为检验被试是否认为男性的社会地位高于女性,需要测量被试的性别社会地位感知,向被试说明:"很多人相信,男女两性之间存在着地位差异。如果让您从多数人的看法出发,您认为多数人会如何评价男女两性所处的社会地位?"让被试在 7 点量表上分别对男性和女性的社会地位进行评价,得分越高,代表该性别社会地位越高,详见附录八。

3.3 研究结果

本研究中各变量均数及标准差见下表 5-2。

表 5-2　两性中各变量均数及标准差

	男性		女性	
	平均数	标准差	平均数	标准差
社会支配取向	3.70	0.86	3.47	0.77
敌意性别偏见	4.17	0.77	3.93	0.77
善意性别偏见	4.33	0.91	4.29	0.96
对男性地位的感知	5.62	0.82	5.80	0.79
对女性地位的感知	3.69	0.96	3.96	1.04

3.3.1 性别与社会支配取向的交互作用

采用回归分析的方法检验性别与社会支配取向的交互作用。回归分析前,对变量进行必要的处理。将性别转换为虚拟变量,男性编码为 1,女性编码为 -1。对社会支配倾向进行了中心化处理。然后分别对敌意性别偏见和善意性别偏见进行回归分析,以检验社会支配取向和性别的交互作用是否显著。

(1)以敌意性别偏见为因变量

以敌意性别偏见为因变量时,性别与社会支配取向之间的交互效应显著,见表 5-3。

表 5-3　性别与社会支配取向对敌意性别偏见的回归分析

	标准化回归系数	t 值	p
社会支配取向	0.10	2.23	0.02
性别	0.03	0.80	0.43
社会支配取向*性别	0.25	5.15	0.00

使用简单斜率分析发现,在男性中,社会支配取向与敌意性别偏见呈现显著正相关,个体的社会支配取向水平越高,其敌意性别偏见的程度也越强($\beta = 0.20$,$t = 3.33$,$p = 0.00$)。在女性中,社会支配取向与敌意性别偏见之间呈正相关趋势但不显著($\beta = 0.07$,$t = -1.27$,$p = 0.22$)。

将男性与女性的社会支配取向得分,分别以其均数正负一个标准差为基准,分为高分组和低分组,对交互作用进行图解,如图 5-4 所示:

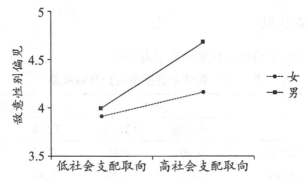

图 5-4　性别对社会支配取向与敌意性别偏见间关系的调节作用

在男性中,社会支配取向与敌意性别偏见之间具有显著正相关,即社会支配取向对敌意性别偏见的预测力较强。在女性中,社会支配取向对敌意性别偏见的预测力较弱。

(2)以善意性别偏见为因变量

以善意性别偏见为因变量时,性别与社会支配取向之间的交互效应显著,见表 5-4。

表 5-4　性别与社会支配取向对善意性别偏见的回归分析

	标准化回归系数	t 值	p
社会支配取向	0.05	1.02	0.31
性别	0.06	1.18	0.24
社会支配取向*性别	0.10	1.86	0.05

在男性中,社会支配取向与善意性别偏见呈现显著正相关,个体的社会支配取向水平越高,其善意性别偏见的程度也越强($\beta = 0.15, t = 1.9, p = 0.05$)。在女性中,社会支配取向与善意性别偏见之间呈微弱负相关($\beta = -0.01, t = -0.10, p = 0.92$)。

将男性与女性的社会支配取向得分,分别以其均数正负一个标准差为基准,分为高分组和低分组,对交互作用进行图解,如图 5-5 所示:

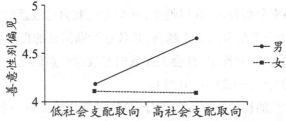

图 5-5　性别对社会支配取向与善意性别偏见间关系的调节作用

在男性中,社会支配取向对善意性别偏见的相关较高,即社会支配取向对善意性别偏见的预测力较强。在女性中,社会支配取向与善意性别偏见无关。

3.3.2　男女在性别社会地位感知上的差异

为了更好地理解社会支配取向在两性中对性别偏见的不同解释力,还需检验被试是否认为男性和女性的社会地位存在差异。采用 t 检验的方法,分别对男性被试和女性被试的两性地位感知进行配对 t 检验。

结果如图 5-6 所示,无论是男性($t = 27.10, p = 0.00$)还是女性($t = 26.27, p = 0.00$),都认为男性拥有较高的社会地位。

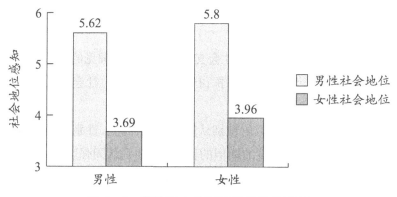

图 5-6　男性和女性对两性地位的感知

3.4　讨论

以上分析表明,在使用社会支配取向解释敌意性别偏见和善意性别偏见时,在男性和女性中的解释力是不同的。对于敌意性别偏见,社会支配取向在男性中与其呈显著正相关,而在女性中仅出现了正相关的趋势。对于善意性别偏见,社会支配取向在男性中与其呈显著正相关,而在女性中基本没有出现相关的趋势。总地来讲,在男性中,社会支配取向与性别偏见显著正相关;在女性中,社会支配取向与性别偏见间有较弱的正相关或无关。因此,本研究结果支持了假设。

之所以会出现这样的结果,和人们对男性和女性的社会地位感知有关。不论是男性还是女性,都认为男性处于较高的社会地位。也就是说,无论是社会现实层面还是人们的感知层面,男性和女性之间的地位差异都是存在的。那么,研究一的结果说明,社会支配取向在解释敌意性别偏见和善意性别偏见时出现了思想不对称效应。女性的社会地位较低,社会支配取向对性别偏见的解释力在女性中较弱。

本研究仅检验了在两性中社会支配取向对性别偏见的解释力是否存在不同，还不能说明为什么不同。在后续的研究中就需要进一步探讨社会支配取向在女性中对这两种偏见的解释力是否受到了性别认同的影响。

4 研究二：性别认同强度对社会支配取向与性别偏见间关系的调节作用

4.1 研究目的与研究假设

研究一的结果表明，在两性中社会支配取向对性别偏见的解释力是存在差异的。为了对此现象做出解释，研究二探讨性别认同强度对社会支配取向与性别偏见之间的关系的影响。

男性和女性都有建立积极的性别认同的需要，因此，性别认同强度就能够反映个体提升自身性别群体利益的期望的程度。当性别认同强度较高时，男性和女性都倾向于维护自身群体的利益，而当性别认同强度较低时，个体会倾向于接受现存等级。

这样对于男性而言，不论性别认同的水平如何，都意味着接受对男性有利的现存性别等级；对于女性而言，性别认同水平较高时，会追求自身群体的利益，而在性别认同水平较低时，可能会支持现存等级。因此，在女性中性别认同强度可能会调节社会支配取向与性别偏见之间的关系，而在男性中则不存在这种调节作用。实际上是检验社会支配取向、性别认同与性别之间的交互作用。

综上所述，本研究提出以下假设：

假设2-1：对女性而言，性别认同水平较高时，社会支配取向与性别偏见负相关（或无关），而性别认同水平较低时，社会支配取向与性别偏见正相关。

假设2-2：在男性中，性别认同强度对社会支配取向与性别偏见间的相关没有调节作用。无论性别认同水平是高还是低，社会支配取向都会一致地与性别偏见正相关。

为检验此假设，研究二采用相关研究设计和实验设计两种方式。在相关研究设计中，用问卷的形式考察被试的性别认同强度；在实验法中，拟采用启动的方式操纵被试性别认同强度，以进一步探究变量间的因果关系。

4.2　子研究一:使用相关研究设计探讨性别认同强度对社会支配取向与性别偏见间关系的调节作用

4.2.1　研究方法

(1)研究对象

被试数共 247 人,男性 126 人,女性 121 人。其中选取北京航空航天大学、牡丹江师范学院学生共 201 人,专业涉及较广,包括理工类、社科类多个专业、各年级的学生;另有来自研究生课程班的成人被试 46 人。

(2)研究程序

被试自愿参与本研究。为提高被试作答的真实性,我们在问卷指导语中指出,调查数据纯属科学研究之用,调查结果将严格保密,并且整个过程是匿名的。

(3)研究材料

社会支配取向量表:采用 Sidanius 和 Pratto(1999)编制的社会支配取向量表,共有 16 个项目。具体项目如"优势群体应当支配下层群体","群体平等应该成为我们的理想"。采用 7 点计分,分数越高表明社会支配取向越强,详见附录一。本次研究的内部一致性信度为 0.74。

性别认同强度量表:有很多研究者已编制了一些社会认同强度的量表,其中很多项目都有重合,本研究将几个常用的量表进行综合,并把项目针对性别群体进行了修订。这些量表包括 Luhtanen 和 Crocker(1992)编制的集体自尊量表(collective self-esteem scale)中的认同子量表,Ellemers 等人(1997)编制的社会认同量表,Levin 等人(1998)编制的社会认同量表,Reynolds 等人(2007)编制的社会认同量表以及 Wilson 和 Liu(2003)编制的性别认同量表。详见附录二。本次研究的内部一致性信度为 0.73。

善意性别偏见量表:采用 Glick 和 Fiske(1996)编制的善意性别偏见量表(Benevolent Sexism,BS)。共有 11 个项目,如"男性应该乐意牺牲自己的幸福来为女性提供生活开支"(BS)。采用 7 点量表计分,分值越高,表明性别偏见的程度越强,详见附录六。本次研究的内部一致性信度为 0.72。

敌意性别偏见量表:采用 Glick 和 Fiske(1996)编制的敌意性别偏见量表(Hostile Sexism,HS)。共 11 个项目,具体项目如"女性通过控制男人来获得权力"。采用 7 点量表计分,分值越高,表明敌意性别偏见的程度越强,详见附录五。本次研究的内部一致性信度为 0.68。

4.2.2 研究结果

本研究中各变量的均数和标准差见表 5-5。

表 5-5　两性中各变量的均数及标准差

	男性		女性	
	平均数	标准差	平均数	标准差
社会支配取向	3.58	0.93	3.51	0.70
性别认同强度	4.53	1.09	4.67	0.76
敌意性别偏见	4.24	0.74	3.94	0.80
善意性别偏见	4.29	0.94	4.39	0.97

（1）以敌意性别偏见为因变量

假设 2 主要检验在不同的性别群体中，性别认同强度对 SDO 与性别偏见之间的关系是否能起到调节作用。因此，实际上是检验性别、SDO、性别认同强度对性别偏见的三相交互作用。

首先以敌意性别偏见为因变量进行检验。对社会支配取向、性别认同进行了中心化处理，将性别转换为虚拟变量，男性编码为 1，女性编码为 -1。将社会支配取向作为自变量，性别认同、性别作为调节变量，三个变量间的两两交互作用以及三相交互作用共四个交互项，将敌意性别偏见作为因变量进行回归分析。结果见表 5-6。

表 5-6　子研究一中社会支配取向、性别认同、性别对敌意性别偏见的
回归分析结果

	标准化回归系数	t 值	p
社会支配取向	0.04	0.40	0.69
性别认同	-0.01	-0.05	0.96
性别	-0.41	-2.56	0.01
社会支配取向*性别认同	-0.21	-1.19	0.24
社会支配取向*性别	0.12	0.78	0.44
性别认同*性别	0.44	2.44	0.02
社会支配取向*性别认同*性别	0.34	1.95	0.05

由表 5-6 可见，三相交互作用显著。因此，有必要分别在两个性别内进行社会支配取向与性别认同的交互作用检验。结果如表 5-7 和表 5-8 所示。

表5-7　女性中社会支配取向与性别认同对敌意性别偏见的回归分析

	标准化回归系数	t 值	p
社会支配取向	−0.01	−0.23	0.82
性别认同	−0.12	−1.38	0.18
社会支配取向*性别认同	−0.19	−1.93	0.05

表5-8　男性中社会支配取向与性别认同对敌意性别偏见的回归分析

	标准化回归系数	t 值	p
社会支配取向	0.21	2.41	0.02
性别认同	0.20	2.04	0.04
社会支配取向*性别认同	−0.12	−1.62	0.10

女性中,社会支配取向与性别认同的交互作用显著,进一步检验高低两组认同时 SDO 与性别偏见间的关系。高认同时,SDO 和敌意性别偏见呈显著负相关($\beta = -0.18, t = 2.97, p = 0.03$),低认同时,SDO 和敌意性别偏见呈显著正相关($\beta = 0.28, t = 3.51, p = 0.00$)。见图5-7。此结果支持了假设2-1。

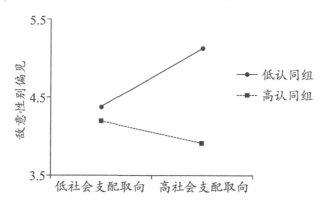

图5-7　女性中社会支配取向与性别认同的交互作用

男性中,社会支配取向与敌意性别偏见呈显著正相关,社会支配取向和性别认同间的交互作用边缘显著,基本支持了假设2-2。

男性中,两种性别认同水平下,社会支配取向都与敌意性别偏见正相关,只是在低性别认同水平下,社会支配取向与敌意性别偏见的相关稍强。

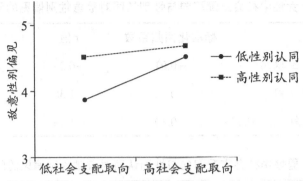

图 5-8　男性中社会支配取向与性别认同的交互作用

（2）以善意性别偏见为因变量

对社会支配取向、性别认同进行了中心化处理，将性别转换为虚拟变量，男性编码为 1，女性编码为 -1。将社会支配取向作为自变量，性别认同、性别作为调节变量，三个变量间的两两交互作用以及三相交互作用共四个交互项，将善意性别偏见作为因变量进行回归分析。分析结果见表 5-9。

结果表明，三相交互作用不显著，未支持假设。

表 5-9　子研究一中社会支配取向、性别认同、性别对善意性别偏见的回归分析结果

	标准化回归系数	t 值	p
社会支配取向	0.32	3.72	0.00
性别认同	0.19	2.68	0.01
性别	-0.03	-0.38	0.69
社会支配取向*性别认同	-0.26	-3.13	0.00
社会支配取向*性别	-0.04	-0.56	0.57
性别认同*性别	0.05	0.74	0.46
社会支配取向*性别认同*性别	0.11	1.30	0.19

4.3　子研究二：使用实验法探讨性别认同强度对社会支配取向与性别偏见间关系的调节作用

4.3.1　研究方法

子研究一中采用的是相关研究设计，只能初步检验性别认同强度对社会支配

取向和性别偏见间关系的影响。子研究二中,进一步采用实验法,用启动的方式操纵被试性别认同强度的水平,以探究变量间的因果关系。

(1)研究对象

选取北京航空航天大学、牡丹江师范学院学生共 253 人,其中男性 112 人,女性 141。专业涉及较广,包括理工类、社科类多个专业、各年级的学生。

(2)研究设计

子研究二中采用启动的方式操纵被试性别认同强度的水平,以进一步探究变量间的因果关系。使用 2(性别:男、女)*2(性别认同启动组、对照组)的实验设计,考察在男性和女性中,性别认同水平对社会支配取向和性别偏见间关系的调节作用是否存在。

(3)研究材料

社会支配取向量表:采用 Sidanius 和 Pratto(1999)编制的社会支配取向量表,共有 16 个项目。具体项目如"优势群体应当支配下层群体","群体平等应该成为我们的理想"。采用 7 点计分,分数越高表明社会支配取向越强,详见附录一。本次研究的内部一致性信度为 0.73。

善意性别偏见量表:采用 Glick 和 Fiske(1996)编制的善意性别偏见量表(Benevolent Sexism,BS)。共有 11 个项目,如"男性应该乐意牺牲自己的幸福来为女性提供生活开支"(BS)。采用 7 点量表计分,分值越高,表明性别偏见的程度越强,详见附录六。本次研究的内部一致性信度为 0.68。

敌意性别偏见量表:采用 Glick 和 Fiske(1996)编制的敌意性别偏见量表(Hostile Sexism,HS)。共 11 个项目,具体项目如"女性通过控制男人来获得权力"。采用 7 点量表计分,分值越高,表明敌意性别偏见的程度越强,详见附录五。本次研究的内部一致性信度为 0.69。

性别认同启动材料:在性别认同启动组中,被试需在问卷开始处填写性别信息。此外还让被试阅读一段有关救灾的材料,内容为"在汶川地震、玉树地震以及舟曲泥石流等自然灾难面前,无论是国家领导人,还是普通民众,都表现出了强烈的援助意愿,希望能为灾区同胞献力。其实每个群体都有自己的特点,如果能发挥自身长处来提供援助,或许能更好地帮助灾区人民渡过难关。男性和女性是不同的,两个性别群体应能为此做出独特的贡献。"要求被试写出自己作为男性(或女性)中的一员,能为此做些什么。详见附录九。

在对照组中,被试阅读的材料为"在汶川地震、玉树地震以及舟曲泥石流等自然灾难面前,无论是国家领导人,还是普通民众,都表现出了强烈的援助意愿,希望能为灾区同胞献力。其实每个群体都有自己的特点,如果能发挥自身长处来提供援助,或许能更好地帮助灾区人民渡过难关。大学生和普通市民是不同的,应能为此做出独特的贡献。"要求被试写出自己作为大学生,能为此做些什么,并且被试在问卷结束处才填写性别信息。详见附录十。

4.3.2 研究结果

本研究中各变量均数及标准差见表5—10。

表5—10 两性中各变量均数及标准差

	男性		女性	
	平均数	标准差	平均数	标准差
社会支配取向	3.82	0.76	3.43	0.84
敌意性别偏见	4.09	0.81	3.82	0.75
善意性别偏见	4.38	0.88	4.21	0.94

(1)以敌意性别偏见为因变量

对社会支配取向进行了中心化处理,将性别认同启动、性别转换为虚拟变量,认同启动组编码为1,对照组编码为−1;男性编码为1,女性编码为−1。将社会支配取向作为自变量,性别认同、性别作为调节变量,三个变量间的两两交互作用以及三相交互作用共四个交互项,将敌意性别偏见作为因变量进行回归分析。见表5—11。

表5—11 实验法中社会支配取向、性别认同、性别对敌意性别偏见
的回归分析结果

	标准化回归系数	t 值	p
社会支配取向	0.18	2.63	0.00
性别认同	0.05	0.80	0.42
性别	−0.11	−1.66	0.09
社会支配取向*性别认同	−0.19	−2.83	0.00
社会支配取向*性别	0.09	1.37	0.17
性别认同*性别	−0.08	−1.24	0.22
社会支配取向*性别认同*性别	0.13	1.80	0.07

由表5-11可见,三相交互作用边缘显著。因此,有必要分别在两个性别内进行社会支配取向与性别认同的交互作用检验。结果如表5-12和表5-13所示。

表5-12　实验法女性中社会支配取向和性别认同对敌意性别偏见
的回归分析结果

	标准化回归系数	t 值	p
社会支配取向	0.12	0.78	0.43
性别认同	−0.09	−0.69	0.49
社会支配取向*性别认同	0.25	1.67	0.09

女性中,社会支配取向和性别认同的交互作用边缘显著。性别认同启动组中,社会支配取向与敌意性别偏见无关,在对照组中,社会支配取向与敌意性别偏见之间呈现正相关趋势。如图5-9所示。

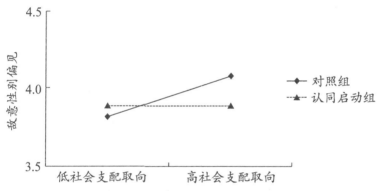

图5-9　实验法女性中性别认同强度对社会支配取向
和敌意性别偏见间关系的调节作用

男性中,社会支配取向的主效应显著,社会支配取向与性别认同的交互作用不显著。支持了假设2-2。

表5-13　实验法男性中社会支配取向和性别认同对敌意性别偏见
的回归分析结果

	标准化回归系数	t 值	p
社会支配取向	0.45	2.26	0.01
性别认同	0.27	1.33	0.19
社会支配取向*性别认同	−0.13	−0.91	0.43

（2）以善意性别偏见为因变量

对社会支配取向进行了中心化处理，将性别认同启动、性别转换为虚拟变量，认同启动组编码为 1，对照组编码为 −1；男性编码为 1，女性编码为 −1。将社会支配取向作为自变量，性别认同、性别作为调节变量，三个变量间的两两交互作用以及三相交互作用共四个交互项，将善意性别偏见作为因变量进行回归分析。见表 5−14。

表 5−14　实验法中社会支配取向、性别认同、性别对善意性别偏见的回归分析结果

	标准化回归系数	t 值	p
社会支配取向	0.10	1.52	0.13
性别认同	−0.08	−1.21	0.23
性别	0.05	0.76	0.45
社会支配取向*性别认同	0.06	0.88	0.38
社会支配取向*性别	0.07	1.13	0.26
性别认同*性别	−0.13	−1.57	0.12
社会支配取向*性别认同*性别	0.08	1.21	0.22

社会支配取向、性别认同和性别的三相交互作用不显著，没有支持假设。

4.4　讨论

研究二中，使用问卷调查法和实验法来检验性别认同强度对社会支配取向和性别偏见之间关系的调节作用。

在问卷调查法中，女性中的社会支配取向对敌意性别偏见的解释力受到了性别认同强度的调节。当性别认同强度较低时，社会支配取向与敌意性别偏见正相关，当性别认同强度较高时，社会支配取向与敌意性别偏见负相关。在男性中，性别认同强度没有显现出调节作用，社会支配取向的主效应是显著的。

在实验法中，女性中的社会支配取向对敌意性别偏见的解释力在一定程度上受到了性别认同强度的调节。当性别认同强度较低时，社会支配取向与敌意性别偏见呈现正相关趋势，当性别认同强度较高时，社会支配取向与敌意性别偏见之间无关。在男性中，性别认同强度没有显现出调节作用。

因此，在问卷调节法中，在以敌意性别偏见为因变量时，假设 2−1 和假设 2−2 都得到支持；在实验法中，在以敌意性别偏见为因变量时，变量间关系在趋势上

与假设 2-1 和假设 2-2 一致。这说明在男性中,性别认同强度不会调节社会支配取向与敌意性别偏见之间的相关;而在女性中,性别认同强度能够调节社会支配取向与敌意性别偏见之间的相关。这在一定程度上能够解释思想不对称效应。

本研究中仅考查了性别认同强度对社会支配取向与性别偏见间关系的影响。性别认同包括性别认同强度和性别认同内容两个方面,因此,还需要探讨性别认同内容对社会支配取向与性别偏见间关系的影响。

5 研究三:女性性别认同内容对社会支配取向与性别偏见之间关系的调节作用

5.1 研究目的与研究假设

研究二中检验了性别认同强度对社会支配取向和性别偏见之间的关系的调节作用,研究三中则考查性别认同内容对社会支配取向和性别偏见之间关系的调节作用。

对女性而言,有两种不同的性别认同内容。女性如果内化了传统性别角色,会认为现存的男女不平等的等级系统是合法的,是可以接受的,这与反对平等动机一致;如果内化了现代性别角色性,则会认为男女不平等是不应该的,会倾向于为女性自身争取更多的利益,这与以群体为基础的支配动机一致。所以女性的性别认同内容可能会调节社会支配取向与性别偏见之间的关系。

对于男性,还没有类似研究来说明其有哪些特定的性别认同内容。因此,研究三只针对女性中性别认同内容对社会支配取向与性别偏见之间的可能关系进行考查。

综上所述,本研究假设在女性中,性别认同内容能调节社会支配取向与性别偏见之间的关系。对女性而言,当内化了现代价值时,社会支配取向与性别偏见负相关,而如果内化了传统价值,社会支配取向与性别偏见正相关。

为检验此假设,研究三将采用相关研究设计和实验设计两种方式。在相关研究设计中,用问卷的形式考察被试的性别认同内容;在实验法中,拟采用启动的方式操纵被试性别认同内容,以进一步探究变量间的因果关系。

5.2 子研究一：使用相关研究设计探讨性别认同内容对社会支配取向与性别偏见之间关系的调节作用

5.2.1 研究方法

（1）研究对象

被试共 115 人，其中荷泽师范学院的在校女大学生 79 人，来自心理学、教育学、物理学专业以及研究生课程班的女学员 36 人。

（2）研究程序

被试自愿参与本研究。为提高被试作答的真实性，我们在问卷指导语中指出，调查数据纯属科学研究之用，调查结果将严格保密，并且整个过程是匿名的。

（3）研究工具

社会支配取向量表：采用 Sidanius 和 Pratto（1999）编制的社会支配取向量表，共有 16 个项目。具体项目如"优势群体应当支配下层群体"，"群体平等应该成为我们的理想"。采用 7 点计分，分数越高表明社会支配取向越强，详见附录一。本次研究的内部一致性信度为 0.76。

女性性别认同内容量表：使用 Becker 和 Wagner（2009）编制的性别认同内容量表，共 8 个项目。项目"我觉得婚后不随夫姓很傻"存在明显的文化差异，不予采用。因此，本研究中使用了 7 个项目。具体项目如"我喜欢待在家里而不是去追求成功"。高分意味着较偏好传统性别角色，低分意味着较偏好现代性别角色。详见附录三。本次研究的内部一致性信度为 0.68。

善意性别偏见量表：采用 Glick 和 Fiske（1996）编制的善意性别偏见量表（Benevolent Sexism, BS）。共有 11 个项目，如"男性应该乐意牺牲自己的幸福来为女性提供生活开支"（BS）。采用 7 点量表计分，分值越高，表明性别偏见的程度越强，详见附录六。本次研究的内部一致性信度为 0.70。

敌意性别偏见量表：采用 Glick 和 Fiske（1996）编制的敌意性别偏见量表（Hostile Sexism, HS）。共 11 个项目，具体项目如"女性通过控制男人来获得权力"。采用 7 点量表计分，分值越高，表明敌意性别偏见的程度越强，详见附录五。本次研究的内部一致性信度为 0.71。

5.2.2 研究结果

本研究中各变量均数及标准差见下表 5-15。

表 5-15　各变量均数及标准差

	平均数	标准差
社会支配取向	3.62	0.84
性别认同内容	3.02	0.92
敌意性别偏见	3.64	0.76
善意性别偏见	4.79	0.57

(1)以敌意性别偏见为因变量

对社会支配取向、性别认同内容进行了中心化处理。将社会支配取向作为自变量,性别认同内容作为调节变量,两变量间的交互作用作为交互项,将敌意性别偏见作为因变量进行回归分析。见表5-16。

结果表明,社会支配取向与性别认同内容的交互作用显著,当个体具有传统性别认同时,社会支配取向与敌意性别偏见呈现显著正相关($\beta = 0.23$, $t = 2.13$, $p = 0.04$),当个体具有现代性别认同时,社会支配取向与敌意性别偏见呈现显著负相关($\beta = -0.24$, $t = -2.13$, $p = 0.04$)。如图5-10所示。支持了假设3。

表 5-16　子研究一中社会支配取向、性别认同内容对
敌意性别偏见的回归分析结果

	标准化回归系数	t 值	p
社会支配取向	0.00	0.06	0.94
性别认同内容	0.03	0.34	0.73
社会支配取向*性别认同内容	0.18	1.99	0.05

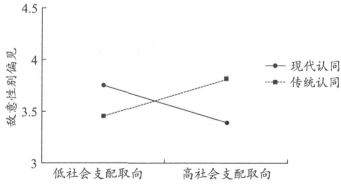

图 5-10　子研究一中性别认同内容对社会支配取向
与敌意性别偏见间关系的调节作用

（2）以善意性别偏见为因变量

对社会支配取向、性别认同内容进行了中心化处理。将社会支配取向作为自变量，性别认同内容作为调节变量，两变量间的交互作用作为交互项，将善意性别偏见作为因变量进行回归分析。见表5-17。

结果表明，社会支配取向与性别认同内容之间的交互作用不显著。不支持假设3。

表5-17　子研究一中社会支配取向、性别认同内容对善
意性别偏见的回归分析结果

	标准化回归系数	t 值	p
社会支配取向	0.09	1.01	0.31
性别认同内容	0.07	0.84	0.41
社会支配取向*性别认同内容	0.13	1.38	0.17

当个体具有传统性别认同时，社会支配取向与善意性别偏见呈现正相关趋势（$\beta = 0.12$，$t = 1.59$，$p = 0.10$）；而当个体具有现代性别认同时，社会支配取向与善意性别偏见呈现微弱负相关（$\beta = -0.03$，$t = -0.11$，$p = 0.91$）。如图5-11所示。数据在趋势上与假设3基本一致。

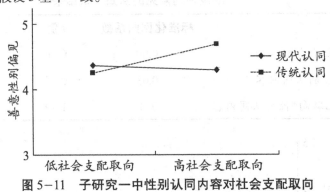

图5-11　子研究一中性别认同内容对社会支配取向
与性别偏见间关系的调节作用

5.3　子研究二：使用实验法探讨性别认同内容对社会支配取向与性别偏见之间关系的调节作用

5.3.1　研究方法

子研究一中采用的是相关研究设计，只能初步检验女性性别认同内容对社会

支配取向和性别偏见间关系的影响。子研究二中,进一步采用实验法,用启动的方式操纵被试性别认同内容,以探究变量间的因果关系。

（1）研究对象

被试为牡丹江师范学院在读女大学生 123 人。

（2）实验设计

在实验法中,将被试随机分配到现代性别认同启动组、传统性别认同启动组、对照组,考察性别认同内容对 SDO 和性别偏见间的关系的调节作用是否存在。

（3）研究材料

社会支配取向量表:采用 Sidanius 和 Pratto（1999）编制的社会支配取向量表,共有 16 个项目。具体项目如"优势群体应当支配下层群体","群体平等应该成为我们的理想"。采用 7 点计分,分数越高表明社会支配取向越强,详见附录一。本次研究的内部一致性信度为 0.68。

善意性别偏见量表:采用 Glick 和 Fiske（1996）编制的善意性别偏见量表（Benevolent Sexism,BS）。共有 11 个项目,如"男性应该乐意牺牲自己的幸福来为女性提供生活开支"（BS）。采用 7 点量表计分,分值越高,表明性别偏见的程度越强,详见附录六。本次研究的内部一致性信度为 0.75。

敌意性别偏见量表:采用 Glick 和 Fiske（1996）编制的敌意性别偏见量表（Hostile Sexism,HS）。共 11 个项目,具体项目如"女性通过控制男人来获得权力"。采用 7 点量表计分,分值越高,表明敌意性别偏见的程度越强,详见附录五。本次研究的内部一致性信度为 0.67。

性别认同内容启动材料:参考 Becker 和 Wagner（2009）操纵性别认同内容的方法进行实验操纵。传统女性性别认同内容启动组中,被试先阅读一段材料,内容为"男性和女性在社会中各自扮演着不同的角色,在我国仍然以'男主外、女主内'的角色分工模式为主流。这种角色分工对女性来讲是有利的,比如能更好地与子女建立亲密关系,更好地享受家庭生活。除此之外,你认为对女性来讲此种角色分工还有哪些有利之处?"要求被试写出其他可能的有利之处。后面还列举出了 8 个可能的有利之处,要求被试评价是否同意。最后让被试回答男女各自扮演不同的社会角色对女性来说是否有利,以此作为操纵检查。详见附录十一。

现代女性性别认同内容启动组中,被试先阅读一段材料,内容为"男性和女性在社会中各自扮演着不同的角色,在我国仍然以'男主外、女主内'的角色分工模式为主流。这种角色分工对女性来讲是不利的, 比如需要承担琐碎繁重的家务。除此之外,你认为对女性来讲此种角色分工还存在哪些不利之处?"要求被试写出其他可能的不利之处。后面还列举出了 8 个可能的不利之处,要求被试评价是否同意。最后让被试回答男女各自扮演不同的社会角色对女性来说是否有利,以此作为操纵检查。详见附录十二。

对照组中,被试的阅读材料为"2010 年'五一'黄金周期间,5 月 2 日故宫接待 11.48 万人次,是其最大容量的 2.3 倍。而今年国庆长假期间,故宫日游客量已突破该纪录,10 月 4 日接待游客 12.5 万人。可谓人山人海,几乎把故宫挤爆。颐和园也迎来了史上最大客流,园内只见人头攒动,观景成了不可完成的任务。"后面列举了长假可能为风景名胜景区带来的 5 个弊端,要求被试评价是否同意。最后让被试回答男女各自扮演不同的社会角色对女性来说是否有利。详见附录十三。

5.3.2 研究结果

本研究中各变量均数及标准差见表 5—18。

表 5—18 各变量均数及标准差

	平均数	标准差
社会支配取向	4.43	0.73
敌意性别偏见	4.04	0.78
善意性别偏见	4.71	0.97

(1)操纵检查

为了检验实验操纵是否有效,采用 t 检验对三组被试在回答男女各自扮演不同的社会角色对女性来说是否有利时的得分进行平均数的差异显著性检验。结果表明,现代认同启动组被试的得分($M=4.21$)低于控制组被试($M=4.54$,$t=1.44$,$p=0.15$),传统认同启动组被试的得分($M=5.14$)显著高于控制组被试($t=2.29$,$p=0.02$)。这说明实验操纵是基本有效的。

(2)以敌意性别偏见为因变量

对社会支配取向、性别认同内容进行了中心化处理。将社会支配取向作为自变量,性别认同内容作为调节变量,两变量间的交互作用作为交互项,将敌意性别偏见作为因变量进行回归分析。见表 5—19。

结果表明,社会支配取向与现代性别认同的交互作用不显著;社会支配取向与传统性别认同的交互作用显著。

表 5-19 实验法中社会支配取向、性别认同内容对
敌意性别偏见的回归分析结果

	标准化回归系数	t 值	p
社会支配取向	0.01	0.28	0.78
现代认同	−0.16	−1.32	0.19
传统认同	0.42	3.81	0.00
社会支配取向*现代认同	−0.09	−1.01	0.31
社会支配取向*传统认同	0.45	3.84	0.00

在传统认同启动组中,社会支配取向与敌意性别偏见呈显著正相关($\beta = 0.52$, $t = -2.74, p = 0.00$);在现代认同启动组中,社会支配取向与敌意性别偏见呈显著负相关($\beta = -0.47, t = -2.61, p = 0.01$);在对照组中,社会支配取向与敌意性别偏见呈显著负相关($\beta = -0.35, t = -1.84, p = 0.07$)。部分支持了假设 3。

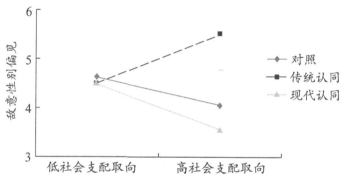

图 5-12 实验法中性别认同内容社会支配取向与
敌意性别偏见间关系的调节作用

(3)以善意性别偏见为因变量

对社会支配取向、性别认同内容进行了中心化处理。将社会支配取向作为自变量,性别认同内容作为调节变量,两变量间的交互作用作为交互项,将善意性别偏见作为因变量进行回归分析。见表 5-20。

结果表明,社会支配取向与现代性别认同的交互作用显著,社会支配取向与传统性别认同的交互作用不显著。

在传统认同启动组中,社会支配取向与善意性别偏见呈显著正相关($\beta = 0.28$, $t = 2.38, p = 0.02$);在现代认同启动组中,社会支配取向与善意性别偏见呈微弱

负相关($\beta = -0.04, p = 0.87$);在对照组中,社会支配取向与善意性别偏见正相关($\beta = 0.25, t = 2.13, p = 0.03$)。部分支持了假设3。

表5-20　实验法中社会支配取向、性别认同内容对
善意性别偏见的回归分析结果

	标准化回归系数	t 值	p
社会支配取向	0.29	2.45	0.02
现代认同	−0.19	−1.86	0.06
传统认同	−0.05	−0.80	0.42
社会支配取向*现代认同	−0.22	−2.57	0.01
社会支配取向*传统认同	0.13	1.10	0.27

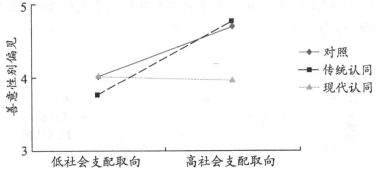

图5-13　实验法中性别认同内容对社会支配取向与
在善意性别偏见间关系的调节作用

5.4　讨论

研究三中使用问卷调查法和实验法两种方法来检验性别认同内容对社会支配取向和性别偏见之间关系的调节作用。

问卷调查法中,社会支配取向与敌意性别偏见之间的关系受到了性别认同内容的调节。当个体内化了现代价值时,社会支配取向与敌意性别偏见负相关,社会支配取向越高,性别偏见的水平越低;当个体内化了传统价值时,社会支配取向与敌意性别偏见正相关,社会支配取向越高,性别偏见的水平越高。

在实验法中,社会支配取向与两种性别偏见之间的关系都受到了性别认同内容的调节。对于敌意性别偏见,在传统认同启动组,社会支配取向与其呈正相关,

而在进步认同启动组，社会支配取向与敌意性别偏见间的相关情况和对照组中没有显著区别，均为负相关；对于善意性别偏见，在传统认同启动组中，社会支配取向与善意性别偏见的相关情况和对照组中没有显著区别，均为正相关，而现代认同内容组中，社会支配取向与善意性别偏见微弱负相关。

本实验中的操纵并不是完全成功的。一方面，进步认同启动组与对照组在操纵检查题上的得分的差异没有达到显著性水平，只是在数值上，进步认同启动组的得分更低。在另一方面，进步认同启动没有对社会支配取向与敌意性别偏见间的关系产生显著影响，而传统认同启动没有对社会支配取向与善意性别偏见间的关系产生显著影响。

研究二和研究三中分别探讨了性别认同强度和性别认同内容对社会支配取向与性别偏见间关系的影响。而性别认同强度和性别认同内容可能会对社会支配取向与性别偏见间的关系产生共同影响，因此，还需进一步对此进行检验。

6　研究四：女性性别认同强度和性别认同内容对其社会支配取向与性别偏见间关系的共同影响

6.1　研究目的与研究假设

在研究二和研究三中，分别检验了性别认同强度和性别认同内容对社会支配取向与性别偏见之间关系的影响。根据前文中的分析，性别认同强度和性别认同内容各自发挥着不同的作用。性别认同强度能驱使女性为了女性群体的利益而行动，而行动的具体方向则依赖于其所认可的性别角色规范。那么，性别认同强度和性别认同内容可能会同时对社会支配取向与性别偏见之间的关系产生影响。

因此，研究四中考查性别认同强度和性别认同内容对社会支配取向与性别偏见之间关系的共同影响。检验的具体假设如下：

假设4-1：女性如果内化了传统价值，并且性别认同水平较低时，社会支配取向会与性别偏见呈现最强的正相关。

假设4-2：女性如果内化了现代价值，并且性别认同水平较高时，社会支配取向会与性别偏见负相关。

6.2　研究方法

6.2.1　研究对象

被试为荷泽师范学院的在校女大学生 118 人。

6.2.2　研究程序

被试自愿参与本研究。为提高被试作答的真实性,我们在问卷指导语中指出,调查数据纯属科学研究之用,调查结果将严格保密,并且整个过程是匿名的。

6.2.3　研究工具

社会支配取向量表:与研究一中使用的社会支配取向量表相同。详见附录一。本次研究的内部一致性信度为 0.76。

性别认同内容量表:与研究三中使用的性别认同内容量表相同。详见附录三。本次研究的内部一致性信度为 0.68。

性别认同强度量表:与研究二中使用的性别认同强度量表相同。详见附录二。本次研究的内部一致性信度为 0.67。

善意性别偏见量表:与研究一中使用的善意性别偏见量表相同。详见附录六。本次研究的内部一致性信度为 0.70。

敌意性别偏见量表:与研究一中使用的敌意性别偏见量表相同。详见附录五。本次研究的内部一致性信度为 0.71。

6.3　研究结果

本研究中各变量均数及标准差如下表 5-21。

表 5-21　各变量均数及标准差

	平均数	标准差
社会支配取向	3.76	0.85
性别认同强度	4.81	0.99
性别认同内容	3.10	0.96
敌意性别偏见	3.64	0.76
善意性别偏见	4.79	0.66

6.3.1 以善意性别偏见为因变量

将数据按性别认同内容量表得分的中值(3.08)分成高分组和低分组,分别代表传统性别认同组(44人)和现代性别认同组(71人,Chi-Square＝6.34,p＝0.01)。然后,分别在这两组中,分析性别认同强度和社会支配取向之间的交互作用。

(1)现代性别认同组中的分析结果

对社会支配取向、性别认同强度进行了中心化处理。将社会支配取向作为自变量,性别认同强度作为调节变量,两变量间的交互作用作为交互项,将善意性别偏见作为因变量进行回归分析。见表5-22。

结果发现,社会支配取向和性别认同强度的交互作用显著。

表5-22 现代性别认同下,社会支配取向、性别认同强度对
善意性别偏见的回归分析结果

	标准化回归系数	t值	p
社会支配取向	0.15	1.16	0.25
性别认同强度	−0.27	−2.06	0.04
社会支配取向*性别认同强度	−0.34	−2.36	0.02

(2)传统性别认同组中的分析结果

对社会支配取向、性别认同强度进行了中心化处理。将社会支配取向作为自变量,性别认同强度作为调节变量,两变量间的交互作用作为交互项,将善意性别偏见作为因变量进行回归分析。见表5-23。

结果发现,社会支配取向和性别认同强度的交互作用显著。

表5-23 传统性别认同下,社会支配取向、性别认同强度对
善意性别偏见的回归分析结果

	标准化回归系数	t值	p
社会支配取向	0.21	1.68	0.10
性别认同强度	−0.56	−3.75	0.00
社会支配取向*性别认同强度	−0.64	−4.29	0.00

(3)性别认同内容和性别认同强度组合的分析结果

将前述分析结果进行合并。将社会支配取向按其均数正负一个标准差为基

准,分为高分组和低分组;将性别认同强度按其均数正负一个标准差为基准,分为高强度组和低强度分组;性别认同内容已按中值分为现代认同和传统认同组。对善意性别偏见作图(图5-14)如下:

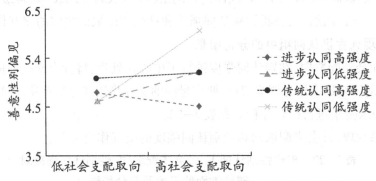

图5-14　性别认同强度与性别认同内容对社会支配取向
与善意性别偏见间关系的共同影响

当女性具有现代性别认同,并且性别认同强度较高时,社会支配取向与善意性别偏见呈现负相关($\beta = -0.24$, $t = -1.37$, $p = 0.17$),支持了假设4-2;而当女性具有传统性别认同,并且性别认同强度较低时,社会支配取向与善意性别偏见呈显著正相关($\beta = 0.53$, $t = 2.54$, $p = 0.00$),支持了假设4-1。而在现代性别认同且低性别认同强度组以及传统性别认同且高性别认同强度组,社会支配取向与善意性别偏见的相关情况居于前两者之间。

6.3.2　以敌意性别偏见为因变量

(1)现代性别认同组中的分析结果

对社会支配取向、性别认同强度进行了中心化处理。将社会支配取向作为自变量,性别认同强度作为调节变量,两变量间的交互作用作为交互项,将敌意性别偏见作为因变量进行回归分析。见表5-24。

表5-24　现代性别认同下,社会支配取向、性别认同强度对
敌意性别偏见的回归分析结果

	标准化回归系数	t 值	p
社会支配取向	-0.16	-1.21	0.23
性别认同强度	-0.04	-0.28	0.70
社会支配取向*性别认同强度	0.10	0.65	0.58

结果发现,社会支配取向和性别认同强度的交互作用不显著。社会支配取向以及性别认同强度的主效应均显著。个体的社会支配取向的水平越高,其敌意性别偏见就越强。个体的性别认同强度越高,其敌意性别偏见就越强。未支持假设4-1。

（2）传统性别认同组中的分析结果

对社会支配取向、性别认同强度进行了中心化处理。将社会支配取向作为自变量,性别认同强度作为调节变量,两变量间的交互作用作为交互项,将敌意性别偏见作为因变量进行回归分析。见表5-25。

结果发现,社会支配取向和性别认同强度的交互作用不显著。未支持假设4-2。

表5-25　传统性别认同下,社会支配取向、性别认同强度对
敌意性别偏见的回归分析结果

	标准化回归系数	t 值	p
社会支配取向	0.33	2.26	0.03
性别认同强度	−0.13	−0.70	0.49
社会支配取向*性别认同强度	−0.17	−1.01	0.31

6.4　讨论

研究四检验了性别认同强度和性别认同内容对社会支配取向和性别偏见之间关系的共同影响。以善意性别偏见为因变量时,当女性具有传统性别认同,并且性别认同强度较低时,社会支配取向与善意性别偏见呈现出最强正相关;当女性具有现代性别认同,并且性别认同强度较高时,社会支配取向与善意性别偏见呈现负相关趋势。这一结果说明,性别认同强度和性别认同内容对于社会支配取向与善意性别偏见间的关系产生了影响。

以敌意性别偏见为因变量时,当女性具有传统性别认同,不同的性别认同强度水平下,社会支配取向与敌意性别偏见之间的关系没有显著差异;当女性具有现代性别认同时,不同的性别认同强度下,社会支配取向与敌意性别偏见间的关系也无显著差异。没有支持假设。

7 讨 论

7.1 对性别偏见成因的理解

本研究能够帮助人们更好地理解性别偏见的成因。一方面，两性中性别偏见的成因需要分别进行考查。研究一发现，社会支配取向对性别偏见的解释力在两性中是不同的。在男性中，社会支配取向的解释力较强，在女性中则较弱。以前的研究中，在考查个体差异变量与性别偏见的关系的时候，常常没有考虑到男性和女性中的情况可能会存在差异(Christopher & Mull, 2006；Ekehammar, Akrami, Gylje, & Zakrisson, 2004；Sibley, Robertson, & Wilson, 2006)。而本研究的结果表明，至少在考查社会支配取向对于性别偏见的作用的时候，有必要将男性和女性分开来考查。

另一方面，女性中性别偏见可能受到了社会支配取向和性别认同的共同影响。研究二表明，在女性中性别认同强度能调节社会支配取向与敌意性别偏见之间的关系。当性别认同强度较低时，社会支配取向与敌意性别偏见正相关；当性别认同强度较高时，社会支配取向与敌意性别偏见无关。在研究三中，当女性具有传统性别认同时，社会支配取向与性别偏见正相关；当女性具有现代性别认同时，社会支配取向与性别偏见无关。也就是说，在女性中，社会支配取向对性别偏见的作用受到了性别认同的影响。在解释女性的性别偏见时，社会支配取向与性别认同之间可能会存在交互作用。

这一研究结果说明，两性中性别偏见的成因是不同的。男性中社会支配取向能较好地预测性别偏见，当男性具有较高社会支配取向时，其性别偏见的水平也较高。也就是说，男性越期望保持现存的男女地位差异或提升其内群体利益，那么他对女性的偏见水平就会越高。而在女性中，社会支配取向对性别偏见的作用受到了性别认同强度和性别认同内容的调节。当女性具有较低的性别认同或者传统性别认同内容时，社会支配取向会与性别偏见正相关。而当女性具有较高的性别认同或者现代性别认同内容时，社会支配取向与性别偏见无关或负相关。

在已有研究中，有一些使用权威主义人格和社会支配取向等个体水平变量来解释性别偏见(Christopher & Mull, 2006；Ekehammar, Akrami, Gylje, & Zakrisson,

2004;Sibley,Robertson,& Wilson,2006),也有研究用性别认同这个群体水平变量来解释性别偏见(Becker & Wagner,2009),但还未见有研究考查过个体水平变量和群体水平变量在解释性别偏见时的交互作用。从本研究结果来看,在解释性别偏见时,很有必要考查个体水平变量和群体水平变量的共同影响。因此,本研究将有关性别偏见成因的研究向前推进了一步。

性别偏见是偏见的一种。对偏见做出解释的理论有很多,本研究中所涉及的主要有三个理论,社会支配理论、社会认同理论和系统公正理论。因此,本研究的理论意义也能在这些理论的背景之下进行讨论。

这三个理论在解释偏见时都有各自的不足之处。社会认同理论认为,个体对内群体的认同导致了偏见。内群体认同的水平越高,偏见水平也会越高。但是,以前的研究并没有发现社会认同和偏见间的强的正相关(Brewer & Brown,1998;Hinkle & Brown,1990),因此社会认同并不能很好地解释内群体偏好。

社会支配理论是一种解释歧视的人格理论(Sidanius et al.,2004),因此,针对人格理论的一般批评也同样适用于社会支配理论(Reynolds et al.,2001)。这些批评主要包括两个方面:一是它只关注于稳定的人格特质的作用,忽视了群体成员身份、群际关系以及社会规范对个体态度的作用(Duckitt et al.,2002),而这是社会认同理论所关注的内容。二是由于人格取向的解释独立于即时的社会情境和社会力量,所以该理论不能解释在特定群体中出现的大规模一致的偏见以及在短时间内群体中突然出现的偏见水平上升或下降(Sherif,1967)。

系统公正理论所面临的一个问题可能是较为棘手的,即它预测在系统公正动机的作用下,系统总是稳定的,处于不同地位的群体都会接受现状。而事实上,社会变革是存在的。在70年代以前的研究中,黑人小孩一致地偏好白人玩偶。这个发现的解释和系统公正理论类似,小孩内化了社会中对白皮肤的偏好。然而,80年代再重复这个研究,结果就发生了变化。黑人小孩偏好黑人玩偶,白人小孩喜欢白人玩偶(Brown,1995)。而且在西方社会,黑人解放运动是广泛存在的,黑人并不总是默许现状(Kinder & Winter,2001)。系统公正理论无法解释这些社会变革。

有理论家指出,一个成功的群际歧视理论应能同时解释社会稳定和社会变革,能说明使两者保持平衡的过程(Rubin & Hewstone,2004)。每个理论也具有各自的理论优势,相互之间不可替代。Reynolds等人(2007)认为,以后的研究不应再沿续人格和群际取向相分隔的传统局面,不必争论出哪个理论是对的,哪个理论是错的,而应该进一步研究人格与群际取向间融合的可能性。本研究所做的努力正是基于这样的背景,将社会支配取向与性别认同相结合,考查两者对性别偏见的共同影响。

7.2 对思想不对称现象的解释

现有的社会支配理论不能够解释思想不对称现象。该理论认为,社会支配取向是个体对不平等的群体关系的一般期望。按照这个定义,不管个体所属群体地位是高还是低,只要其社会支配取向的水平较高,对偏见的认可程度也会越高(Sidanius et al.,2001)。然而很多实际研究中发现的却是被称为思想不对称(ideological asymmetry)的现象,即社会支配取向与合法化思想相关,在地位不同的群体中是有差异的(Sidanius et al.,2004)。在高地位群体中,社会支配取向对偏见的解释力较强,而在低地位群体中,社会支配取向对偏见的解释力较弱。这使得社会支配理论难以清楚地说明社会支配取向究竟是如何对偏见起作用的。Levin等人(2002)认为,思想不对称现象之所以会出现,是因为在低地位群体中社会支配取向对偏见的作用受到了合法性感知的调节。

本研究的贡献在于,为思想不对称现象提供了一种新的解释。本研究关注的是男性和女性中的性别偏见现象。男性处于较高的社会地位,女性处于较低的社会地位。研究一表明,社会支配取向对性别偏见的解释力在男性中较强,在女性中较弱。社会支配取向对性别偏见的解释力在地位不同的群体中是有差异的。这与思想不对称效应是一致的。这就说明,用现有的社会支配理论中对于社会支配取向的理解,是不能够完全解释这一结果的。使用现有的理论推导出的假设是无论在男性中还是在女性中,社会支配取向对于性别偏见的解释力应该是相同的,然而结果却显示在两性中,社会支配取向对性别偏见的解释力是不同的。

本研究则提出,使用社会支配取向来解释性别偏见时会出现思想不对称现象,是因为女性中社会支配取向对性别偏见的作用会受到性别认同强度和性别认同内容的调节。本研究先分别考查了性别认同强度和性别认同内容对社会支配取向与性别偏见间关系的调节作用,然后又考查了性别认同强度和性别认同内容的共同影响。

研究二发现,在女性中,性别认同强度能调节社会支配取向与敌意性别偏见之间的关系。当性别认同强度较低时,社会支配取向与敌意性别偏见正相关;当性别认同强度较高时,社会支配取向与敌意性别偏见无关。研究三中,性别认同内容也能调节社会支配取向与性别偏见的关系。当女性具有传统性别认同时,社会支配取向与性别偏见正相关;当女性具有现代性别认同时,社会支配取向与性别偏见无关。研究四中，在传统性别认同内容和现代性别认同内容两个水平上，社会支配取向与善意性别偏见之间的关系都受到了性别认同强度的调节。女性如果内化了传统价值，并且性别认同水平较低时，社会支配取向会与善意性别偏见之间有较强的正相关。女性如果内化了现代价值，并且性别认同水平较高时，社会支配取向与善意性别偏见之间有负相关趋势。

在女性中，社会支配取向对性别偏见的解释力受到了性别认同强度和性别认同内容的调节，在男性中则不存在这种调节作用。这样就出现了思想不对称现象。因此，本研究也能够解释思想不对称现象，能弥补现有社会支配理论中的不足。

7.3　性别认同的作用

7.3.1　性别认同强度和社会支配取向间的交互作用

社会认同并不能很好地解释偏见。社会认同理论认为，个体对内群体的认同导致了偏见。也就是说，内群体认同对偏见的主效应应是显著的。而研究表明，认同强度并不是一致地与偏见相关（Brown & Zagefka, 2005），如一项元分析就发现，认同和偏见间的相关为0（Hinkle & Brown, 1990）。也就是说，从总体上讲，社会认同作为自变量，对偏见的主效应并不显著。

本研究提出，要全面认识认同在解释偏见时所发挥的作用，不应仅仅考虑其主效应。在解释偏见时，认同有可能发挥了调节变量的作用。具体来说，在性别偏见领域，性别认同可能会调节社会支配取向对性别偏见的作用。在研究二至研究四中，考查了性别认同强度和性别认同内容对社会支配取向与偏见间关系的调节作用。结果表明，性别认同强度和性别认同内容能够调节社会支配取向对偏见的作用，而且两者还能对社会支配取向与偏见间关系产生共同影响。

另外，社会认同属于群体水平的变量，而社会支配取向是个体差异变量。对于这两类变量之间的交互作用的分析，需要提及自我分类理论的观点。自我分类理论强调人们作为群体成员的群体心理及其对认知和行为的影响。它认为个体的自我概念包含了个体和集体这两个方面，是一个从个体水平的认同到群体水平认同的一个连续体。也就是说，人可以按个体对自己进行分类，也可以按群体来对自己进行分类。在它的一个极端，自我是独特的、个体的，与所有的其他人不同。在它的另一端，则是一个去个体化的自我。这时自我是从属于内群体的，与内群体的其他成员类似，而与其他群体中的成员不同（Turner & Oakes, 1997）。

不同水平的认同会在不同的情境下发挥作用。在没有明显的相比较的外群体时,个人认同将发挥作用,因此,个人认同是强调自己与其他内群体成员的差异的比较过程;而在与外群体进行比较时,社会认同将会发挥作用。当一种水平的认同变得显著时,认知和行为会发生质的变化,也就是会出现心理不连续(psychological discontinuity)的现象(Reynolds et al., 2001)。当有明显的相比较的外群体时,社会认同将变得显著,这时,会发生去个体化的过程,导致更高水平的可交换感知,在行为上也会发生变化。个体差异变量是属于个人认同水平的,所以只会在个人认同的情境下起作用,能够预测偏见,而在社会认同的情境下则无法预测偏见(Haslam & Wilson, 2000)。

据此,Verkuyten和Hagendoorn(1998)进行了一项研究,探讨了不同自我分类水平下偏见的决定因素。该研究采用阅读材料的方式启动了被试的个人认同和国家认同,并且分别测量了在这两种认同水平下的权威主义人格和偏见。结果发现,在个人认同和社会认同水平之下,权威主义人格与偏见之间的相关发生了变化。在个体认同水平下,偏见与权威主义人格相关,而在国家认同水平下,偏见与权威主义人格无关。这个结果支持了自我分类理论的假设,即在个体认同水平下,个体差异变量发挥了作用,能够预测偏见,而在社会认同水平下,个体差异变量没有发挥作用,不能预测偏见。

然而也有研究者认为,尽管有研究提供了对自我分类理论的心理不连续假设的支持,但这个假设也有可能并不具有普遍意义。因为自我分类理论并没有提出如此简单的预测,认为社会认同显著性一定会减少像权威主义人格这种个体差异变量和偏见间的相关,或者个人认同会增加该相关。

Reynolds等人(2001)进行了一项实验研究。被试被随机分配到个人认同组、性别认同组、国家认同组和年龄认同组(年轻或年老两种)。研究者先分别启动各组被试的相应水平的认同,随后测量了被试的权威主义人格和现代种族偏见水平。个人认同是个人水平的,性别认同、国家认同和年龄认同都是社会认同水平之下的认同。结果表明,在性别认同和年龄认同组,权威主义人格和现代种族偏见之间有显著相关;而在个人认同组和国家认同组中,权威主义人格和现代种族偏见之间没有出现显著相关。因此,在这项研究中,个体差异变量在个人认同水平之下没有发挥作用,而在社会认同水平,个体差异变量有时能发挥作用,有时不能发挥作用。

也就是说,社会认同的显著性并不是简单地会削弱权威主义人格和偏见间的相关。而应该说,特定的社会认同的显著性会对权威主义人格对偏见的预测力产生影响,这种影响有可能是正向的,有可能是负向的。Pratto等人(2000)的研究结果与此类似,启动被试的社会认同后,社会支配倾向显示出对内隐偏见的预测力。

　　本研究的结果也支持了这样的观点,即个体差异变量对偏见的解释力会受到不同水平的认同的影响,而不是简单的有或无的关系。在研究二的子研究二中,采用了实验法启动男性和女性被试的性别认同。在男性中,社会支配取向的主效应显著,社会支配取向与性别认同的交互作用不显著。也就是说,在性别认同显著的情况下,社会支配取向的作用仍是存在的,它对偏见的解释力也是较强的,而且其作用与对照组中的情况无显著差异。性别认同并没有调节社会支配取向和性别偏见之间的关系。

　　在女性中,当不启动性别认同时,社会支配取向与偏见之间呈显著正相关,而在启动了性别认同之后,社会支配取向与敌意性别偏见无关,而与善意性别偏见之间呈现较弱的负相关。因此可以说,性别认同对于女性的社会支配取向与性别偏见之间的关系产生了影响,而不能简单地说是削弱了社会支配取向与性别偏见之间的关系。

　　总体上说,不同水平的认同可能的确会影响个体差异变量和偏见之间的关系,但是这种影响之所以会产生可能并不能简单地归因于个体差异变量只会在个体认同水平之下才发挥作用,背后的原因应比这种解释更为复杂。在本研究中,性别认同对社会支配取向和性别偏见之间的关系在女性中所表现出的调节作用,可能应该归因于社会支配取向在不同的情境下表达了不同的动机。换句话说,社会支配取向对偏见会有影响,只是在不同的动机状态下,这种影响在强度和方向上都会有差异。

　　包括社会支配取向和权威主义人格在内的个体差异变量和偏见之间的相关会随社会认同的显著性而发生系统变化,这样的研究结果对理解偏见有重要启示。对社会支配取向的意义的理解不能脱离于群体间关系的现实,要将它放在具体的社会情境中进行考查,而且对于个体水平变量和群体水平变量之间的交互作用进行分析也是十分必要的。

7.3.2　性别认同内容对社会支配取向与偏见间关系的调节作用

　　社会认同的研究中关注的往往是社会认同强度的作用。认同强度固然重要,但是还不全面。社会认同的定义是为个体认识到他(或她)属于特定的社会群体,同时也认识到作为群体成员带给他的情感和价值意义。从定义可以看出,认同除了对内群体依恋的强度之外,还有一个很重要的方面,就是随群体成员身份而来的价值意义。这种价值和意义可以用认同内容来说明,也就是群体成员是如何定义自己的群体的。

对于认同内容的研究还较少。在已有关于认同内容的研究中,探讨的都是认同内容对认同强度与偏见间关系的影响。比如 Pehrson 等人(2009)发现,国家认同和偏见间的关系是受到认同内容的调节的。Becker(2009)发现,在性别认同上也有类似的结论,即性别认同内容能够调节性别认同强度和性别偏见之间的关系。

而本研究探讨了社会支配取向和性别认同内容之间的调节作用,因此加深了对认同内容作用的认识。研究三发现,当女性具有现代性别认同内容时,社会支配取向与性别偏见负相关;而当女性具有传统性别认同内容时,社会支配取向与性别偏见正相关。这说明,除了性别认同强度可能会调节社会支配取向与性别偏见间的关系之外,性别认同内容也有可能会起到类似的调节作用。

7.3.3 性别认同强度和性别认同内容对社会支配取向与偏见间关系的共同作用

以前研究中探讨了认同强度和认同内容对偏见的共同影响,而本研究的意义在于更进一步考查了性别认同强度和性别认同内容对社会支配取向与偏见间关系的共同作用。研究四中,以善意性别偏见为因变量进行的分析中,当女性具有现代性别认同,并且性别认同强度较高时,社会支配取向与善意性别偏见呈现负相关趋势;当女性具有传统性别认同,并且性别认同强度较低时,社会支配取向与善意性别偏见呈显著正相关。在现代性别认同且低性别认同强度组以及传统性别认同且高性别认同强度组,社会支配取向与善意性别偏见的相关情况居于前两者之间。

本研究表明,性别认同强度和性别认同内容能够对社会支配取向与偏见间关系产生共同影响。这一方面提示在探讨认同的作用时,不能只关注认同强度的作用,还应考虑认同内容的可能影响;另一方面也说明,有必要探讨个体水平变量(社会支配取向)和群体水平变量(性别认同)之间的交互作用。

7.4 对于减低性别偏见的启示

7.4.1 女性地位现状

本研究在一开始,考查了男性和女性对于两性社会地位的感知。虽然在综述部分已引述大量文献数据来说明我国的男性和女性可能仍然存在社会地位上的差异,但这只是现实层面的情况,并不能完全代表个体所感受到的情况。因此,有必要考查一下人们对于男性和女性所处的社会地位的感知是如何的，而且确定女性处于较低的社会地位是研究思想不对称效应的一个前提。

结果表明，在感知层面，男性和女性都认为男性处于较高的社会地位，而女性处于较低的社会地位。因此，在现实层面和感知层面，对于男性和女性的社会地位问题有着一致的结论。从这一点我们也可以看出，我国尽管已在争取男女平等方面做出了相当大的努力，然而仍然未能达成平等的目标。

7.4.2　性别偏见的现状

要想减低性别偏见，首先就要正确认识性别偏见。Glick 和 Fiske（1996）认为，性别偏见包含了两个态度集：敌意性别偏见和善意性别偏见。它们分别代表了两种对女性不同的态度和看法。男性既提供了威胁（敌意性别偏见），又提供了威胁的解决方法（善意性别偏见）。女性有两种选择，一是拒绝善意性别偏见而面对敌意性别偏见，也就是走出家庭，争取工作上的成功，而这可能会招致他人的敌意；或者接受善意性别偏见以避免敌意性别偏见，也就是像千百年来传统女性所做的那样，留在家庭中接受男性的庇护，从而避免遭到其他人的排斥。

从这个角度上讲，似乎可以得出这样的结论，尽管女性的地位的确已经发生了相当大的变化，女性也从家庭的狭小空间走了出来，可以与男性共同参与社会竞争，但是，女性仍然会受到性别偏见的负面影响。或许可以这样说，在传统社会中，女性所面临的主要是善意性别偏见，而在女性广泛参与社会生活的现代社会中，除了要面临善意性别偏见之外，女性若在工作中有较好的表现，则可能还会面对敌意性别偏见。

而在平等的男女关系中，女性不必依赖男性获得资源，能够自由地拒绝敌意性别偏见和善意性别偏见，而且在拒绝之后，不会引发他人的敌意（Glick et al.，2000）。也就是说，在平等的男女关系中，男性和女性能够较为平等地获取资源，而且女性能够自主地选择其人生道路。即使她们选择拥有自己的事业并且取得了成功，也不会招致他人的敌意性别偏见。

7.4.3　如何减低性别偏见

本研究结果对如何减低性别偏见有一定的启发。性别偏见会受到社会支配取向的影响，社会支配取向水平越高，性别偏见的程度就会越高。因此，要控制和减少性别偏见，就需要降低社会支配取向的水平。虽然社会支配取向是一个人格变量，其水平在一般情况下会保持稳定。但这并不意味着社会支配取向是不可变的，比如群体社会化（group socialization）的过程就可能对社会支配取向的水平产生影响(Guimond,2000)。个体加入某群体后,会内化该群体中被普遍认可的态度和价值。Sinclair 等人(1998)发现,当欧裔的美国大学生在进入大学一年后,社会支配倾向的水平显著降低。在大学中,平等主义思想较为普遍。因此,大学生在进入大学后所经历的群体社会化过程使他们更加接受平等主义思想,社会支配取向的水平也降低了。还有研究发现,不同专业的学生可能经历的社会化过程是有差异的。商学院学生从进校第一年到第三年,对移民的态度变得越来越消极,而社会科学的学生则一直对移民持有积极态度(Guimond & Palmer,1996b)。这些都说明个体所处的环境可能会对其社会支配取向的水平产生影响。环境中若是社会达尔文主义、种族主义思想占主导地位,那么个体的社会支配取向水平就有可能逐渐升高,而如果环境中平等主义思想较为流行,那么个体的社会支配取向水平就可能会逐渐下降,其偏见程度也会降低。

因此,要使人们的社会支配取向水平普遍降低,就需要在较大范围内普及平等思想。我国几千年来深受儒家思想的影响。在儒家思想中,明确规定了男女的地位等级,即男尊女卑。1949 年以后,女性在法律上得到了与男性平等的地位和权利,进入了社会领域,有了经济自主权。尽管如此,深植于社会中的父权意识仍未受到根本触及(刘芳,2006),女性仍然受到了传统思想的束缚。因此,很有必要在我国社会中加强平等思想的教育,逐步减少传统思想对人们的影响。

研究二的子研究一中,性别认同强度对敌意性别偏见存在一定的作用。对女性而言,若性别认同水平较高,则敌意性别偏见较低。对男性而言,若性别认同水平较低,则敌意性别偏见较低。这说明,提高女性的性别认同有助于降低女性中敌意性别偏见的水平,而降低男性的性别认同有助于降低男性中敌意性别偏见的水平。

7.5 本研究的问题与未来研究的方向

研究三的子研究二中使用实验法操纵了被试的性别认同内容。操纵检查表明,传统认同启动组被试的得分显著高于控制组被试,而现代认同启动组被试的得分没有显著低于控制组被试。这说明,在启动现代认同内容时并不是很成功。这一点可能和被试本身具有的性别认同内容有关。在研究四中,采用了被试在性别认同内容量表上得分的中值对被试进行分组,结果发现,现代认同组的被试显著多于传统认同组的被试。这说明,在研究四中有更多的被试是具有现代性别认同的。虽然研究三和研究四所使用的并不是同一批被试,但也极有可能具有相同的趋势。试想,如果大部分被试本身具有现代性别认同,那么可以认为在对照组中的被试就是倾向于现代性别认同的。如果这时启动被试的传统认同内容,会和对照组有较明显的差异,而如果启动被试的现代认同内容,则可能和对照组无法形成显著的差异。这可能是研究三中启动现代性别认同不太成功的原因。在将来的研究中,可能还需要对性别认同内容的启动方法进行改进,使启动的作用更加明显。

在研究三中,本研究只考查了女性的性别认同内容对其社会支配取向与性别偏见之间关系的调节作用,而没有考查男性中的性别认同内容的作用。主要是因为还没有研究对男性的性别认同内容进行系统的探讨。而如果要更好地理解社会支配取向在男性和女性中不同的作用机制,还需要对男性中的性别认同内容对社会支配取向与性别偏见之间的关系进行考查。研究二中的结果也为此提供了一定支持。男性的性别认同强度对社会支配取向与敌意性别偏见之间关系的调节作用边缘显著。虽然这种调节作用不是很强,但是仍提示我们性别认同是有可能会产生影响的。因此,在未来的研究中很有必要了解男性的性别认同内容有哪些方面,从而为研究其对社会支配取向的作用机制的可能影响提供条件。

前文 8.1 中提到社会支配取向对善意性别偏见和敌意性别偏见的作用机制可能存在差异。有一个研究可能可以对此提供支持,Sibley(2007)发现在男性中,社会支配取向对敌意性别偏见的作用较强,而权威主义人格对善意性别偏见的作用较强。但该研究者并未在女性中发现如此清晰的作用模式。究其原因,可能和女性中社会支配取向的作用会受到更多因素的影响有关,也就是思想不对称效应。因此,这个问题是值得在将来的研究中进一步探讨的。

还有两个方面与此问题有关。一是还存在其他的一些性别偏见,比如现代性别偏见,它和敌意性别偏见一样,是一种对女性的敌对态度,不同的是,这种敌对态度又是经过了伪装的,也就是没有那么直白。那么社会支配取向对现代性别偏见的作用机制也是值得研究的。二是在解释性别偏见时,还可以考虑权威主义人格的可能影响,因为它也是对偏见有着较强解释力的一个个体差异变量。

此外,在单独考查性别认同强度和性别认同内容的调节作用时,两者都可能对社会支配取向与敌意性别偏见之间的关系产生影响,而社会支配取向与善意性别偏见之间的关系主要受到性别认同内容的影响。而在研究四中考查性别认同强度和性别认同内容的共同影响时,却调节了善意性别偏见与社会支配取向间的关系。虽然本研究并不能清楚地说明为什么会出现这种情况,但是,可以推测这种结果可能与两种性别偏见有着不同的含义有关。敌意性别偏见是一种对女性的敌对态度,而善意性别偏见是一种看似积极的态度。那么社会支配取向对这两种性别偏见的作用机制可能也有不同。

参考文献

［1］蔡华俭. Greenwald提出的内隐联想测验介绍[J].心理科学进展,2003,11(3):339－344.

［2］费孝通.乡土中国[M].北京:生活·读书·新知三联书店,1985.

［3］弗里丹.女性的奥秘[M].广州:广东经济出版社,2005.

［4］黄光国.面子——中国人的权力游戏[M].北京:中国人民大学出版社,2004.

［5］姜云飞.失宠的囚徒[M].北京:九洲出版社,2004.

［6］金盛华.社会心理学[M].北京:高等教育出版社,2005.

［7］凯特米利特.性政治[M].南京:江苏人民出版社,2000.

［8］李霞.已婚职业女性的价值取向、工作家庭冲突与心理健康的关系研究[D].山西大学,2007.

［9］李银河."女人回家"问题之我见[J].社会学研究,1994(6):71－72.

［10］刘芳.时尚杂志与中产阶级女性身份[D].上海大学,2006.

［11］陆学艺.当代中国社会阶层研究报告[M].北京:社会科学文献出版社,2002.

［12］马京奎.中国社会中的女人和男人——事实和数据[M].北京:中国统计出版社,2004.

［13］那瑛."妇女回家"讨论中的多元话语分析[J].内蒙古民族大学学报(社会科学版),2009(6):77－80.

［14］沈奕斐.社会性别视角下的中国社会分层理论[C].第17届中国社会学年会论坛文选,2007.

［15］孙立平.重建性别角色关系[J].社会学研究,1994(6):65－68.

［16］汪向东,王希林,马弘.心理卫生评定量表手册[M].北京:中国心理卫生杂志社,1999.

［17］王春光.当前中国社会阶层关系变迁中的非均衡问题[J].社会,2005(5):58－77.

［18］ 王政, 杜芳琴. 社会性别研究选译[M]. 北京: 三联书店, 1998.

［19］ 温忠麟, 侯杰泰, 马什赫伯特. 结构方程模型检验: 拟合指数与卡方准则[J]. 心理学报, 2008(36): 186-194.

［20］ 温忠麟, 侯杰泰, 张雷. 调节效应与中介效应的比较和应用[J]. 心理学报, 2005(37): 268-274.

［21］ 温忠麟, 侯杰泰, 张雷, 刘红云. 中介效应的检验程序及其应用[J]. 心理学报, 2004(36): 614-620.

［22］ 徐安琪. 家庭性别角色态度: 刻板化倾向的经验分析[J]. 妇女研究论丛, 2010(2): 18-29.

［23］ 徐改. 成功职业女性的生涯发展与性别建构[M]. 上海: 上海社会科学院出版社, 2008.

［24］ 杨国枢. 中国人的心理与行为: 本土化研究[M]. 北京: 中国人民大学出版社, 2004.

［25］ 杨宜音. "自已人": 一项有关中国人关系分类的个案研究[G]//中国社会心理学评论(第一辑). 北京: 社会科学文献出版社, 2005.

［26］ 杨中芳. 中国人真是"集体主义"的吗? [G]//中国社会心理学评论(第一辑). 北京: 社会科学文献出版社, 2005.

［27］ 翟学伟. 中国人际关系网络中的平衡性问题: 一项个案研究[G]//中国社会心理学评论(第一辑). 北京: 社会科学文献出版社, 2005.

［28］ 张莹瑞, 佐斌. 社会认同理论及其发展[J]. 心理科学进展, 2006(14): 475-480.

［29］ 张智勇, 袁慧娟. 社会支配取向量表在中国的信度和效度研究[J]. 西南师范大学学报(人文社会科学版), 2006(32): 17-21.

［30］ 赵志裕, 温静, 谭俭邦. 社会认同的基本心理历程——香港回归中国的研究范例[J]. 社会学研究, 2005(5): 202-227.

［31］ 郑也夫. 男女平等的社会学思考[J]. 社会学研究, 1994(2): 108-113.

［32］ 周浩, 龙立荣. 共同方法偏差的统计检验与控制方法[J]. 心理科学进展, 2004(12): 942-950.

［33］ 周群英. 走出性别平等误区[N]. 北京: 中国妇女报, 2004.

［34］ 周玉. 性别差异: 地位获得中的非制度机制[J]. 福州大学学报(哲学社会科学版), 2009(23): 48-54.

影响群际态度的人格因素

[35] Abrams, D., Hogg, M. A. Comments on the motivational status of self-esteem in social identity and intergroup discrimination[J]. European Journal of Social Psychology, 1988, 18: 317−334.

[36] Adnorno, T. W. 权力主义人格[M]. 杭州: 浙江教育出版社, 2002.

[37] Akrami, N., Ekehammar, B. The association between implicit and explicit prejudice: the moderating role of motivation to control prejudiced reactions[J]. Scandinavian Journal of Psychology, 2005, 46: 361−366.

[38] Akrami, N., Ekehammar, N., Araya, T. Classical and modern racial prejudice: a study of attitudes toward immigrants in Sweden[J]. European Journal of Social Psychology, 2000, 30: 521−532.

[39] Allport, G. W. The nature of prejudice. Reading, MA: Addison-Wesley, 1954.

[40] Altemeyer, B. The other "authoritarian personality"[G]// Advances in experimental social psychology. San Diego, CA: Academic Press, 1998, 30: 48−92.

[41] Altemeyer, B. Right-wing authoritarianism[M]. Winnipeg, Canada: University of Manitoba Press, 1981.

[42] Altemeyer, B. Enemies of freedom: Understanding right-wing authoritarianism [M]. San Francisco: Jossey-Bass, 1988.

[43] Altemeyer, B. The other "authoritarian personality."[G]// Advances in experimental social psychology. San Diego, CA: Academic Press, 1998, 30: 48−92.

[44] Altemeyer, B. Highly Dominating, Highly Authoritarian Personalities[J]. The Journal of Social Psychology, 2004, 144(4): 421−447.

[45] Ashmore, R., Deaux, K., McLaughlin-Volpe, T. An organising framework for collective identity: Articulation and significance of multidimensionality[J]. Psychological Bulletin, 2004, 130(1): 80−114.

[46] Barreto, M., & Ellemers, N. The burden of benevolent sexism: How it contributes to the maintenance of gender inequalities[J]. European Journal of Social Psychology, 2005, 35: 633−642.

[47] Bearden, R. G. N., Jesse, E. T. Measurement of consumer susceptibility to interpersonal influence[J]. Journal of Consumer Research, 1989, 15: 473−481.

[48] Becker, J. C. Why do women endorse hostile and benevolent sexism? The role of salient female subtypes and internalization of sexist contents[J]. Sex Roles, 2010, 62: 453−467.

［49］ Becker, J. C., & Wagner, U. Doing gender differently—The interplay of strength of gender identification and content of gender identity in predicting women's endorsement of sexist beliefs［J］. European Journal of Social Psychology, 2009, 39: 487−508.

［50］ Bobo, L. Whites' opposition to busing: Symbolic racism or realistic group conflict ［J］. Journal of Personality and Social Psychology, 1983, 45: 1196−1210.

［51］ Bourhis, R. Y., Hill, P. Intergroup perception in British higher education: A field study［G］// Social identity and intergroup relations. Cambridge: Cambridge University Press, 1982, 423−468.

［52］ Brauer, M. Intergroup perception in the social context: The effects of social status and group membership on perceived out-group homogeneity and ethnocentrism ［J］. Journal of Experimental Social Psychology, 2001, 37: 15−31.

［53］ Brewer, M. B., Brown, R. Intergroup relations［G］// The handbook of social psychology. Boston: McGraw-Hill, 1998, 2: 554−594.

［54］ Brown, R. Prejudice: Its Social Psychology(2nd)［M］. West Sussex: Wiley-Blackwell, 2010.

［55］ Brown, R., Zagefka, H. In-group affiliations and prejudice［G］// On the nature of prejudice−50 years after Allport. Malden: Blackwell, 2005, 54−70.

［56］ Burn, S. M., Busso, J. Ambivalent sexism, scriptural literalism, and religiosity ［J］. Psychology of Women Quarterly, 2005, 29: 412−418.

［57］ Burn, S. M., Aboud, R., Moyles, C. The relationship between gender social identity and support for feminism［J］. Sex Roles, 2000, 42: 1081−1089.

［58］ Caddick, B. Perceived illegitimacy and intergroup relations［G］// Social identity and intergroup relations. Cambridge, England: Cambridge University Press, 1982, 137−154.

［59］ Cameron, J. E., Lalonde, K. N. Social identification and gender-related ideology in women and men［J］. British Journal of Social Psychology, 2001, 40: 59−77.

［60］ Chen S, Lee-Chai A Y, Bargh J A. Relationship orientation as a moderator of the effects of social power［J］. Journal of Personality and Social Psychology, 2001, 80:173−187.

［61］ Christie, R. Authoritarianism and related constructs［G］// In J. P. Robinson, P. R. Shaver, &L. S. Wrightsman (Eds.), Measures of personality and social psychological attitudes. San Diego, CA: Academic Press, 1991, 501－571.

［62］ Christopher, A. N. , Mull, M. S. Conservative Ideology and Ambivalent Sexism ［J］. Psychology of Women Quarterly, 2006, 30: 223－230.

［63］ Dambrun, M. , Duarte, S. , Guimond, S. Why are men more likely to support group-based dominance than women? The mediating role of gender identification ［J］. British Journal of Social Psychology, 2004, 43: 287－297.

［64］ Dardenne, B. , Dumont, M. , Bollier, T. Insidious dangers of benevolent sexism: Consequences for women's performance［J］. Journal of Personality and Social Psychology, 2007, 93: 764－779.

［65］ Dasgupta N, McGhee D E, Greenwald A G, Banaji M R. Automatic preference for White Americans: Eliminating the familiarity explanation［J］. Journal of Experimental Social Psychology, 2000, 36: 316－328.

［66］ Diekman, A. B. , Goodfriend, W. , Goodwin, S. Dynamic Stereotypes of Power: Perceived Change and Stability in Gender Hierarchies［J］. Sex Roles, 2004, 50: 201－215.

［67］ Doty, R. M. , Peterson, B. E. , Winter, D. G. Threat and Authoritarianism in the United States, 1978－1987［J］. Journal of Personality and Social Psychology, 1991 64: 629－640.

［68］ Doty, R. M. , Winter, D. G. , Peterson, B. E. , Kemmelmeier, M. Authoritarianism and American students' attitudes about the Gulf War, 1990－1996［J］. Personality and Social Psychology Bulletin, 1997, 23: 1133－1143.

［69］ Downing, L. , Monaco, N. In-group/out-group bias as a function of differential contact and authoritarian personality［J］. Journal of Social Psychology, 1986, 126: 445－452.

［70］ Duckitt, J. , Fisher, K. The impact of social threat on worldview and ideological attitudes［J］. Political Psychology, 2003, 24: 199－222.

［71］ Duckitt, J. , Wagner, C. , Plessis, I. , Et al. The psychological bases of ideology and prejudice: Testing a dual process model［J］. Journal of Personality and Social Psychology, 2002, 83: 75－93.

［72］ Duckitt J. Differential Effects of Right Wing Authoritarianism and Social Domi-
nance Orientation on Outgroup Attitudes and Their Mediation by Threat From and
Competitiveness to Outgroups［J］. Personality and Social Psychology Bulletin,
2006, 32(5): 684－696.

［73］ Duckitt, J. Psychology and Prejudice: A Historical Analysis and Integrative Fra-
mework［J］. American Psychologist, 1992, 47, 1182－1193.

［74］ Duckitt, J. A dual-process cognitive-motivational theory of ideology and preju-
dice［G］// In M. P. Zanna (Ed.), Advances in experimental social psychology
(Vol. 33, pp. 41－112). San Diego, CA: Academic Press, 2001.

［75］ Duckitt, J. A dual-process cognitive-motivational theory of ideology and preju-
dice［G］// In M. P. Zanna (Ed.), Advances in experimental social psychology
(Vol. 33, pp. 41－112). San Diego, CA: Academic Press, 2001.

［76］ Duckitt, J. , Wagner, C. , du Plessis, I. , & Birum, I. The psychological bases
of ideology and prejudice: Testing a dual process model［J］. Journal of Personal-
ity and Social Psychology, 2002, 83: 75－93.

［77］ Duncan, L. E. , Peterson, B. E. , Winter, D. G. Authoritarianism and gender
roles: Toward a psychological analysis of hegemonic relationships［J］. Personal-
ity and Social Psychology Bulletin, 1997, 23: 41－49.

［78］ Duriez B, van Hiel A. The march of modern fascism. A comparison of social
dominance orientation and authoritarianism［J］. Personality and Individual Dif-
ferences, 2002, 32: 1199－1213.

［79］ Eagly, A. H. , Karau, S. J. Gender and the emergence of leaders: A meta-analy-
sis［J］. Journal of Personality and Social Psychology, 1991, 60: 685－710.

［80］ Eagly, A. H. , Mladinic, A. Gender stereotypes and attitudes toward women and
men［J］. Personality and Social Psychology Bulletin, 1989, 15: 543－558.

［81］ Eagly, A. H. , Mladinic, A. Are people prejudiced against women? Some an-
swers from research on attitudes, gender stereotypes, and judgments of compet-
ence［G］// In W. Stroebe & M. Hewstone (Eds.), European review of social psy-
chology (Vol. 5, pp. 1－35). New York: Wiley, 1993.

［82］ Eckes, T. Paternalistic and envious gender stereotypes: Testing predictions from
the stereotype content model［J］. Sex Roles, 2002, 47: 99－114.

［83］ Eibach R P, Keegan T. Free at last? Social dominance, loss aversion, and white and black Americans' differing assessments of progress towards racial equality ［J］. Journal of Personality and Social Psychology, 2006, 90: 453−467.

［84］ Ekehammar, B., Akrami, N., Gylje, M., & Zakrisson, I. What matters most to prejudice: Big five personality, social dominance orientation, or right-wing authoritarianism［J］. European Journal of Personality, 2004, 18: 463−482.

［85］ Ellemers, N., Rijswijk, W., Roefs, M., & Simons, C. Bias in intergroup perceptions: Balancing group identity with social reality［J］. Personality and Social Psychology Bulletin, 1997, 23: 186−198.

［86］ Esses, V. M., Haddock, G., Zanna, M. P. Values, stereotypes and emotions as determinants of intergroup attitudes［G］// In D. M. Mackie &D. L. Hamilton (Eds.), Affect, cognition, and stereotyping: Interactive processes in group perception (pp. 137−166). San Diego, CA: Academic Press, 1993.

［87］ Fazio R H, Jackson J R, Dunton B C & Williams C J. Variability in automatic activation as an unobtrusive measure of racial attitudes: A bona fide pipeline［J］. Journal of Personality and Social Psychology, 1995, 69: 1013−1027.

［88］ Feather, N T. Authoritarianism and Attitudes Toward High Achievers［J］. Journal of Personality and Social Psychology, 1993, 65: 152−164.

［89］ Feather, N T. Reactions to Penalties for an Offense in Relation to Authoritarianism, Values, Perceived Responsibility, Perceived Seriousness, and Deservingness［J］. Journal of Personality and Social Psychology, 1996, 71: 571−587.

［90］ Foster, M. D., Matheson, K. Perceiving and feeling personal discrimination: Motivation or inhibition for collective action［J］. Group Processes and Intergroup Relations, 1998, 1: 165−174.

［91］ Fowers, A. F., Fowers, B. J. Social dominance and sexual self-schema as moderators of sexist reactions to female subtypes［J］. Sex Roles, 2010, 62: 468−480.

［92］ Furr, L. A., Usui, W. & Hines-Martin, V. Authoritarianism and Attitudes Toward Mental Health Services［J］. American Journal of Orthopsychiatry, 2003, 73: 411−418.

［93］ Galinsky A, Gruenfeld D & Magee J. From Power to Action［J］. Journal of Personality and Social Psychology, 2003, 85(3): 453−466.

[94] Gallup, G. H. The Gallup poll[M]. Wilmington, DE: Scholarly Resources, 1996.

[95] Gawronski B, Bodenhausen G V. Associative and Propositional Processes in Evaluation: An Integrative Review of Implicit and Explicit Attitude Change[J]. Psychological Bulletin, 2006, 132(5): 692−731.

[96] Glick P, Fiske S T. An Ambivalent Alliance: Hostile and Benevolent Sexism as Complementary Justifications for Gender Inequality[J]. American Psychologist, 2000, 56(2): 109−118.

[97] Glick, P., Fiske, S. T. The Ambivalent Sexism Inventory: Differentiating hostile and benevolent sexism[J]. Journal of Personality and Social Psychology, 1996, 70: 491−512.

[98] Glick, P., Diebold, J., Bailey-Werner, B., Zhu, L. The two faces of Adam: Ambivalent sexism and polarized attitudes toward women[J]. Personality and Social Psychology Bulletin, 1997, 23: 1323−1334.

[99] Glick, P., Fiske, S. T., Mladinic, A., et al. Beyond Prejudice as Simple Antipathy:Hostile and Benevolent Sexism Across Cultures[J]. Journal of Personality and Social Psychology, 2000, 79: 763−775.

[100] Glick, P., Fiske, S. T., Mladinic, A., Saiz, J. L., Abrams, D., Masser, B., et al. Beyond prejudice as simple antipathy: Hostile and benevolent sexism across cultures[J]. Journal of Personality and Social Psychology, 2000, 79: 763−775.

[101] Greenberg J, Pyszczynski T, Solomon S, Rosenblatt A, Veeder M, Kirkland S & Lyon D. Evidence for terror management theory: The effects of mortality salience on reactions to those who threaten or bolster the cultural world view[J]. Journal of Personality and Social Psychology, 1990, 58: 308−318.

[102] Greenwald A G, Banaji M R. Implicit Social Cognition. Attitudes, Self-Esteem and Stereotypes[J]. Psychological Review, 1995, 102(1): 4−27.

[103] Greenwald A G, McGhee E, Schwartz J L K. Measuring Individual Differences in Implicit Cognition: The Implicit Association Test[J]. Journal of Personality and Social Psychology, 1998, 74(5): 181−198.

[104] Greenwald A G, Nosek B A, Banaji M R. Understanding and using the Implicit

Association Test: I. An improved scoring algorithm[J]. Journal of Personality and Social Psychology, 2003, 85: 197−216.

[105] Guimond S, Dambrun M, Michinov N, Duarte S. Does social dominance generate prejudice? Integrating individual and contextual determinants of intergroup cognitions[J]. Journal of Personality and Social Psychology, 2003, 84: 697−721.

[106] Guimond, S. Group socialization and prejudice: The social transmission of intergroup attitudes and beliefs[J]. European Journal of Social Psychology, 2000, 30: 335−354.

[107] Gurin, P. Women's gender consciousness[J]. Public Opinion Quarterly, 1985, 49: 143−163.

[108] Haslam, S. A., Wilson, A. In what sense are prejudiced beliefs personal? The importance of ingroup shared stereotypes[J]. British Journal of Social Psychology, 2000, 39: 45−63.

[109] Heaven P, Conners J. A note on the value correlates of social dominance orientation and right wing authoritarianism [J]. Personality and Individual Differences, 2001, 31: 925−930.

[110] Heaven P C L, Bucci S. Right-wing authoritarianism, social dominance orientation and personality: An analysis using the IPIP measure[J]. European Journal of Personality, 2001, 15: 49−56.

[111] Heaven P C L, Quintin D. Personality factors predict racial prejudice[J]. Personality and Individual Differences, 2003, 34: 625−634.

[112] Heaven, P. C. L. Directiveness and dominance[J]. Journal of Social Psychology, 1986, 126: 271−272.

[113] Hing L S, Bobocel D R, Zanna M P, McBride M V. Authoritarian dynamics and unethical decision making: High social dominance orientation leaders and high right-wing authoritarianism followers[J]. Journal of Personality and Social Psychology, 2007, 92: 67−81.

[114] Hinkle, S., & Brown, R. Intergroup comparisons and social identity: Some links and lacunae[G]// In D. Abrams & M. Hogg (Eds.), Advances in social identity theory (pp. 48−70). New York: Harvester Wheatsheaf, 1990.

[115] Hogg, M. A., Abrams, D. Social identifications: A social psychology of in-

tergroup relations and group processes[M]. London: Routledge, 1988.

[116] Hogg, M. A., Abrams, D. Social identifications[M]. London: Routledge, 1990.

[117] Huang L L, Liu J H. Personality and social structural implications of the situational priming of social dominance orientation[J]. Personality and Individual Differences, 2005, 267—276.

[118] Huddy, L. Contrasting theoretical approaches to intergroup relations[J]. Political Psychology, 2004, 25: 947—967.

[119] Jackman, M. R. The velvet glove: Paternalism and conflict in gender, class, and race relations[M]. Berkeley, CA: University of California Press, 1994.

[120] Jost J T, Thompson E P. Group-based dominance and opposition to equality as independent predictors of self-esteem, and Social Policy Attitudes among African Americans and European Americans[J]. Journal of Experimental Social Psychology, 2000, 36(3): 209—232.

[121] Jost, J. T. The role of stereotyping in system-justification and the production of false consciousness[J]. British Journal of Social Psychology, 1994, 33: 1—27.

[122] Jost, J. T., Banaji, M. R. The role of stereotyping in system-justification and the production of false consciousness[J]. British Journal of Social Psychology, 1994, 33: 1—27.

[123] Jost, J. T., Burgess, D. Attitudinal ambivalence and the conflict between group and system justification motives in low status groups[J]. Personality and Social Psychology Bulletin, 2000, 26: 293—305.

[124] Jost, J. T., Thompson, E. P. Group-based dominance and opposition to equality as independent predictors of self-esteem, ethnocentrism, and social policy attitudes among African Americans and European Americans[J]. Journal of Experimental Social Psychology, 2000, 36: 209—232.

[125] Jost, J. T., Banaji, M. R., Nosek, B. A. A decade of system justification theory: Accumulated evidence of conscious and unconscious bolstering of the status quo[J]. Political Psychology, 2004, 25: 881—919.

[126] Jussim, L., Eccles, J., Madon, S. Social perception, social stereotypes, and teacher expectations: Accuracy and the quest for the powerful self-fulfilling prophecy[G]// In M. E Zanna (Ed.), Advances in experimental social psychol-

ogy (Vol. 28, pp. 281−388). San Diego, CA: Academic Press, 1996.

[127] Karam, A. Women in parliament: Beyond the numbers International Institute for Democracy and Electoral Assistance Stockholm[R]. International Institute for Democracy and Electoral Assistance, 2005.

[128] Katz I, Hass R G. Racial Ambivalence and American Value Conflict: Correlational and Priming Studies of Dual Cognitive Structures[J]. Journal of Personality and Social Psychology, 1988, 55(6):893−905.

[129] Kay, A. C., Gaucher, D., Peach, J. M., et al. Inequality, discrimination, and the power of the status quo: Direct evidence for a motivation to see the way things are as the way they should be[J]. Journal of Personality and Social Psychology, 2009, 97: 421−434.

[130] Keltner D, Gruenfeld D, Anderson C. Power, Approach, and Inhibition[J]. Psychological Review, 2003, 110(2): 265−284.

[131] Kilianski, S. E., Rudman, L. A. Wanting it both ways: Do women approve of Benevolent Sexism[J]. Sex Roles, 1998, 39: 333−352.

[132] Lalonde, R. N., Fontaine, M., Smith, A. Social Dominance Orientation and Ideological Asymmetry in Relation To Interracial Dating and Transracial Adoption in Canada[J]. Journal of Cross-Cultural Psychology, 2007, 38: 559−572.

[133] Lammers, J., Gordijn, E. H., Otten, S. Iron ladies, men of steel The effects of gender stereotyping on the perception of male and female candidates are moderated by prototypicality[J]. European Journal of Social Psychology, 2009, 39: 186−195.

[134] Langford, T., MacKinnon, N. J. The affective bases for the gendering of traits: Comparing the United States and Canada[J]. Social Psychology Quarterly, 2000, 6334−48.

[135] Leanne S. Son Hing et al. To Characterize Prejudice: A Two-Dimensional Model that Utilizes Explicit and Implicit Attitudes[J]. Journal of personality and social psychology, 2008, 94(6):971−987.

[136] Lee, T. L., Fiske, S. T., Glick, P. Next Gen Ambivalent Sexism: Converging Correlates, Causality in Context, and Converse Causality, an Introduction to the Special Issue[J]. Sex Role, 2010, 62: 395−404.

[137] Lemeyer, L., Smith, P. M. Intergroup discrimination and self-esteem in the

minimal group paradigm. Journal of Personality and Social Psychology[J], 1985, 49: 660−670.

[138] Levin S. Perceived group status differences and the effects of gender, ethnicity, and religion on social dominance orientation[J]. Political Psychology, 2004, 25: 31−48.

[139] Levin, S. Intergroup biases as a function of social dominance orientation, ingroup status, and ingroup identification[D]. Unpublished master's thesis, University of California, Los Angeles, 1992.

[140] Levin, S. Perceived group status differences and the effects of gender, ethnicity, and religion on social dominance orientation[J]. Political Psychology, 2004, 25: 31−48.

[141] Levin, S., Federico, C. M., Sidanius, J., Rabinowitz, J. L. Social Dominance Orientation and Intergroup Bias: The Legitimation of Favoritism for High-Status groups [J]. Personality and Social Psychology bulletin, 2002, 28: 144−157.

[142] Levin, S., Sidanius, J., Rabinowitz, J. L., Federico, C. Ethnic identity, legitimizing ideologies, and social status: A matter of ideological asymmetry[J]. Political Psychology, 1998, 19: 373−404.

[143] Li Z, Wang L, Shi J, Shi W. Support for exclusionism as an independent dimension of social dominance orientation in mainland China[J]. Asian Journal of Social Psychology, 2006, 9: 203−209.

[144] Lippmann, W. Public Opinion[M]. New York: Macmillan, 1922.

[145] Lipset, S. M. Political man[M] New York: Anchor Books, 1963.

[146] Liss, M., Crawford, M., Popp, D. Predictors and correlates of collective action [J]. Sex Roles, 2004, 50: 771−779.

[147] Luhtanen, R., Crocker, J. A collective self-esteem scale: Self-evaluation of one's social identity[J]. Personality and Social Psychology Bulletin, 1992, 18: 302−318.

[148] Maass A, Cadinu M, Guarnieri G, Grasselli A. Sexual Harassment Under Social Identity Threat: The Computer Harassment Paradigm[J]. Journal of Personality and Social Psychology, 2003, 85(5): 853−870.

[149] Major B, Gramzow R, McCoy S, Levin S, Schmader T, Sidanius J. Perceiving

Personal Discrimination:The Role of Group Status and Legitimizing Ideology [J]. Journal of Personality and Social Psychology, 2002, 82(3): 269−282.

[150] Marianne Szegedy-Maszak. Enemies of Freedom: Understanding Right Wing Authoritarianism[J]. Psychology Today, 1989.

[151] McConahay J B. Modern racism, ambivalence, and the Modern Racism Scale [G]// In J. F. Dovidio & S. L. Gaertner (Eds.), Prejudice, discrimination, and racism. NewYork: Academic Press, 1986, 91−126.

[152] McFarland, S. G., Ageyev, V. S., Djintcharadze, N. Russian authoritarianism two years after communism. Personality and Social Psychology Bulletin[J]. 1996, 22: 210−217.

[153] Morrison K R, Ybarra O. The effects of realistic threat and group identification on social dominance orientation. Journal of Experimental Social Psychology[J], 2007.

[154] Mullen, B., Brown, R., Smith, C. Ingroup bias as a function of salience, relevance, and status: An integration. European Journal of Social Psychology[J]. 1992, 22: 103−122.

[155] Overbeck, J. R., Jost, J. T., Mosso, C. O. Flizik, A. Resistant vs. acquiescent responses to group inferiority as a function of social dominance orientation in the USA and Italy[J]. Group Processes and Intergroup Relations, 2004, 7: 35−54.

[156] Parks-Stamm, E. J., Heilman, M. E., Hearns, K. A. Motivated to Penalize: Women's Strategic Rejection of Successful Women[J]. Personaliiy and Social Psychology Bulletin, 2008, 34: 237−247.

[157] Pehrson, S., Brown, R., Zagefka, H. When does national identification lead to the rejection of immigrants? Cross-sectional and longitudinal evidence for the role of essentialist in-group definitions[J]. British Journal of Social Psychology, 2009, 48: 1−17.

[158] Peterson, B. E., Doty, R. M., Winter, D. G. Authoritarianism and attitudes toward contemporary social issues[J]. Personality and Social Psychology Bulletin, 1993, 19: 174−184.

[159] Petty R E, Brin? ol P. A Metacognitive Approach to "Implicit" and "Explicit" Evaluations: Comment on Gawronski and Bodenhausen [J]. Psychological Bulletin, 2006, 132(5): 740−744.

［160］ Pratto F, Shih M. Social dominance orientation and group context in implicit group prejudice［J］. Psychological Science, 2000, 11: 515−518.

［161］ Pratto F, Sidanius J, Stallworth L M, Malle B F. Social dominance orientation: A personality variable predicting social and political attitudes［J］. Journal of Personality and Social Psychology, 1994, 67: 741−763.

［162］ Pratto F, Stallworth L M, Sidanius J, Siers B. The gender gap in occupational role attainment: a social dominance approach［J］. Journal of Personality and Social Psychology, 1997, 72: 37−53.

［163］ Pratto, F. , Sidanius, J. , Stallworth, L. M. , Malle, B. F. Social dominance orientation: A personality variable predicting social and political attitudes［J］. Journal of Personality and Social Psychology, 1994, 67: 741−763.

［164］ Pratto. F, Shih, M. Social dominance orientation and group context in implicit group prejudice［J］. Psychological Science, 2000, 11: 515−518.

［165］ Rabinowitz, J. L. Go With the Flow or Fight the Power? The Interactive Effects of Social Dominance Orientation and Perceived Injustice on Support for the Status Quo［J］. Political Psychology, 1999, 20: 1−24.

［166］ Ray, J. J. A new balanced F Scale, and its relation to social class［J］. Australian Psychologist, 1972, 7: 155−166.

［167］ Ray, J. J. , Lovejoy, F. H. A comparison of three scales of directiveness［J］. Journal of Social Psychology, 1986, 126: 249−250.

［168］ Ray, J. J. Do authoritarians hold authoritarian attitudes［J］. Human Relations, 1976, 29: 307−325.

［169］ Ray, J. J. Authoritarianism and hostility［J］. The Journal of Social Psychology, 1980, 112: 307−308.

［170］ Reicher, S. Social identity and social change: Rethinking the context of social psychology［G］// In W. P. Robinson (Ed.), Social groups and identities: Developing the legacy of Henri Tajfel (pp. 317−336). Oxford: Butterworth-Heinemann, 1996.

［171］ Reicher, S. The context of social identity: Domination, resistance, and change ［J］. Political Psychology, 2004, 25: 921−945.

［172］ Reicher, S. , Hopkins, N. Self and nation［M］. London: Sage, 2001.

[173] Reynolds K J, Turner J C, Haslam S A, Ryan M K. The role of personality and group factors in explaining prejudice[J]. Journal of Experimental Social Psychology, 2001, 37: 427－434.

[174] Reynolds, K. J., Turner, J. C., Haslam, S. A., Ryan, M. K., Bizumic, B., Subasic, E. Does personality explain in-group identification and discrimination? Evidence from the minimal group paradigm[J]. British Journal of Social Psychology, 2007, 46: 517－539.

[175] Riek B M, Mania E W, Gaertner S L. Intergroup threat and outgroup attitudes: a meta-analytic review[J]. Personality and Social Psychology Review, 2006, 10 (4):336－353.

[176] Rubin, M., Hewstone, M. Social Identity, System Justification, and Social Dominance: Commentary on Reicher, Jost et al., and Sidanius et al[J]. Political Psychology, 2004, 25: 823－844.

[177] Rudman, L. A. Self-Promotion as a Risk Factor for Women: The Costs and Benefits of Counterstereotypical Impression Management[J]. Journal of Personality and Social Psychology, 1998, 74: 629－645.

[178] Rudman, L. A., Kilianski, S. E. Implicit and explicit attitudes toward female authority [J]. Personaliiy and Social Psychology Bulletin, 2000, 26: 1315－1328.

[179] Ryan M Q, Resendez M G. Social Dominance Threat: Examining Social Dominance Theory's Explanation of Prejudice as Legitimizing Myths[J]. Basic and Applied Social Psychology, 2002, 24(4): 287－293.

[180] Sachdev, I., Bourhis, R. Y. Status differentials and intergroup behaviour[J]. European Journal of Social Psychology, 987, 17: 277－293.

[181] Saucier G. Isms and the structure of social attitudes[J]. Journal of Personality and Social Psychology, 2000, 78: 366－385.

[182] Schmitt M T, Branscombe N R, Kappen D M. Attitudes toward group-based inequality: Social dominance or social identity[J]. British Journal of Social Psychology, 2003, 42: 161－186.

[183] Schwartz S H. Universal in the Content and Structure of Values: Theoretical Advances and Empiric Tests in 20 Counties[G]// In M. Zanna(Ed.), Advan-

ces in Experimental Social Psychology, Vol. 25, San Diego, CA: Academic Press, 1992.

[184] Sherif, M. Group conflict and co-operation: Their social psychology[M]. London: Routledge and Kegan Paul, 1967.

[185] Sidanius J, Levin S, Liu J, Pratto F. Social dominance orientation, anti-egalitarianism, and the political psychology of gender: An extension and cross-cultural replication[J]. European Journal of Social Psychology, 2000, 30: 41−67.

[186] Sidanius J, Pratto F, Rabinowitz J. Gender, ethnic status, and ideological asymmetry: Social dominance interpretation[J]. Journal of Cross-Cultural Psychology, 1994, 25: 194−216.

[187] Sidanius J, Pratto F, Bobo L. Social dominance orientation and the political psychology of gender: A case of invariance[J]. Journal of Personality and Social Psychology, 1994, 67: 998−1011.

[188] Sidanius J, Pratto F. Social dominance: An intergroup theory of social hierarchy and oppression[M]. New York: Cambridge University Press, 1999.

[189] Sidanius, J. The psychology of group conflict and the dynamics of oppression: A social dominance perspective[G]// In S. Iyengar & W. J. McGuire (Eds.), Explorations in politicalpsychology (pp. 183−219). Durham, NC: Duke University Press, 1993.

[190] Sidanius, J., Feshbach, S., Levin, S., Pratto, F. The interface between ethnic and national attachment:E thnic pluralismo r ethnic dominance[J]. Public Opinion Quarterly, 1997, 61, 102−133.

[191] Sidanius, J., Levin, S., Federico, C., Pratto, F. Legitimizing ideologies: The social dominance approach[G]// In J. T. Jost & B. Major (Eds.), The psychology of legitimacy: Emerging perspectives on ideology, justice, and int ergroup relations (pp. 307−331). New York: Cambridge University Press, 2001.

[192] Sidanius, J., Levin, S., Liu, J., Pratto, F. Social dominance orientation, anti-egalitarianism, and the political psychology of gender: An extension and cross-cultural replication[J]. European Journal of Social Psychology, 2000, 30, 41−67.

[193] Sidanius, J., Pratto, F., Bobo, L. Social dominance orientation and the political

psychology of gender: A case of invariance[J]. Journal of Personality and Social Psychology, 1994, 67, 998−1011.

[194] Sidanius, J., Pratto, F., Mitchell, M. Ingroup identification, social dominance orientation, and differential intergroup social allocation[J]. Journal of Social Psychology, 1994, 134, 151−167.

[195] Sidanius, J., Pratto, F., Rabinowitz, J. L. Gender, ethnic status, and ideological asymmetry: A social dominance interpretation[J]. Journal of Cross-Cultural Psychology, 1994, 25, 194−216.

[196] Sidanius, J., Pratto, F., van Laar, C., Levin, S. Social dominance theory: Its agenda and method[J]. Political Psychology, 2004, 25, 845−880.

[197] Sinclair S, Sidanius J, Levin S. The interface between ethnic and social system attachment: The differential effects of hierarchyenhancing and hierarchy-attenuating environments[J]. Journal of Social Issues, 1998, 54: 741−757.

[198] Smith, E. R., Mackie, D. M. Commentary[G]// In D. M. Mackie & E. R. Smith (Eds.), From prejudice to intergroup emotions: Differentiated reactions to social groups (pp. 285−299). New York: Psychology Press, 2002.

[199] Smith, S. M, Kalin, R. Right-Wing Authoritarianism as a Moderator of the Similarity-Attraction Effect[J]. Canadian Journal of Behavioural Science, 2006, 38: 63−71.

[200] Sniderman, P., Piazza, T. The scar of race[M]. Cambridge, MA: Harvard University Press, 1993.

[201] Swim, J. K., Aikin, K. J., Hall, W. S., Hunter, B. A. Sexism and racism: Old-fashioned and modern prejudices[J]. Journal of Personality and Social Psychology, 1995, 68: 199−214.

[202] Swim, J. K., Mallett, R., Russo-Devosa, Y., Stangor, C. Judgments of sexism. A comparison of the subtlety of sexism measures and sources of variability in judgments of sexism [J]. Psychology of Women Quarterly, 2005, 29: 406−411.

[203] Tajfel, H. Social categorization, social identity and social comparison[G]// In H. Tajfel (Ed.), Differentiation between social groups (pp. 61−76). San Diego, CA: Academic Press, 1978.

［204］ Tajfel, H. Instrumentality, identity and social comparisons［G］// In H. Tajfel
（Ed.）, Social identity and intergroup relations（pp. 483－507）. Cambridge:
Cambridge University Press, 1982.

［205］ Tajfel, H., Turner, J. C. The social identity theory of intergroup behavior［G］//
In S. Worchel &W. Austin（Eds.）, The psychology of intergroup relations（pp.
7－24）. Chicago: Nelson-Hall, 1986.

［206］ Tavris, C., Wade, C. The longest war（2nd ed.）［M］. San Diego, CA: Har-
court Brace Jovanovich, 1984.

［207］ Thomsen, L., Green, E. G. T., Ho, A. K., Levin, S., Laar, C., Sinclair,
S., Sidanius, J. Wolves in Sheep's Clothing: Social dominance orientation as-
ymmetrically predicts perceived ethnic victimization among white and latino
students across three years［J］. Personality and Social Psychology Bulletin,
2010, 36: 225－238.

［208］ Titus, H. E. F scale validity considered against peer nomination criteria［J］.
Psychology Record, 1968, 18: 395－403.

［209］ Todosijevi, B., Enyedi, Z. Authoritarianism vs. CulturalPressure［J］. Journal
of Russian and East European Psychology, 2002, 40: 31－54.

［210］ Turner J C, Oakes P J. The socially structured mind［G］// In C. McGarty, & S.
A. Haslam（Eds.）, The message of social psychology, Oxford, UK: Basil
Blackwell, 1997, 355－373.

［211］ Turner, J. C. Social influence［M］. Belmont, CA: Thomson Brooks/Cole Pub-
lishing, 1991.

［212］ Turner, J. C., Brown, R. Social status, cognitive alternatives, and intergroup
relations［G］// In H. Tajfel（Ed.）, Differentiation between social groups（pp.
201－234）. London: Academic Press, 1978.

［213］ Turner, J. C., Oakes, P. J. The socially structured mind［G］// In C. McGarty,
& S. A. Haslam（Eds.）, The message of social psychology, Oxford, UK:
Basil Blackwell, 1997.

［214］ Van Laar C, Sidanius J. Social status and the academic achievement gap: A so-
cial dominance perspective［J］. Social Psychology of Education, 2001, 4:
235－258.

5] Verkuyten M, Hagendoorn L. Prejudice and self-categorization: the variable role of authoritarianism and in-group stereotypes[J]. Personality and Social Psychology Bulletin, 1998, 24: 99—110.

[216] Weber, M. The theory of social and economic organization (A. M. Henderson & T. Parsons, Trans.)[M]. New York: Oxford University Press, 1947.

[217] Whitley B E. Right-wing authoritarianism, social dominance orientation, and prejudice[J]. Journal of Personality and Social Psychology, 1999, 77: 126—134.

[218] Wilson T D, Lindsey S, Schooler T Y. A model of dual attitudes[J]. Psychological Review, 2000, 107: 101—126.

[219] Wittenbrink B, Judd C M, Park B. Evidence for racial prejudice at the implicit level and its relationship with questionnaire measures[J]. Journal of Personality and Social Psychology, 1997, 72: 262—274.

[220] Zinn, H. Disobedience and democracy: Nine fallacies on law and order[M]. New York: Vintage, 1968.